세상에서 가장 아름다운 그 이름

힘찬 열정과 깊은 성찰로 / 한 번 뿐인 인생 곧 지나가리라 / 오늘과 내일 / 사랑과 나눔이 있는 곳에

세상에서
가장 아름다운 그 이름

지은이 **최옥경**

& 앤바이올렛

| 축하의 글 |

삶의 성찰에서 우러나오는 감사와 헌신

이재숙(시인·문학평론가)

　최옥경 작가의 첫인상에서 느껴졌던 밝고 빛나는 표정과 해맑게 넘실대던 미소는 무엇일까 오랫동안 궁금했었다. 필자는 그의 작품들을 읽고 그토록 밝고 따스한 기운은 우연한 것이 아니었음을 알게 되었다.

　작가의 아름다운 삶이 고스란히 스며든 작품들을 크게 세 가지로 모아 이야기해 보고자 한다.

　가장 먼저 생각되는 것은, 작가의 중심에는 무엇이 자리를 잡고 있는가이다. 그의 중심에 둥글고 풍성하고 넉넉하게 자리 잡은 자아는 하나님과 소통하며 일체를 이루는 절대 자아일 것이다. 그 중심에 힘이 되는 근원은 가족이다. 가장 믿고 사랑하며 절대적인 뒷바라지로 작가를 서울로 학교를 다닐 수 있도록 도와주고 결코 포기하지 말라고 격려해 준 남편과 절절히 그 사랑과 존재에 감사하는 부모님, 그리고 잘 자라준 자녀들이다. 작가는 자신을 이야기 할 때 '머리 위에 하나님이 계시고 뒤에는 부모님의 기도가 있었고 곁에는 사랑의 후인자인 남편이 있었다'고 쓰고 있다. 「남편나무」라는 작품에서 '삶은 아름다웠고 풍족했으며 은혜가 넘쳤다'라고 썼다. 이는 가족에 대한 절대적 힘을 말하고 있는 것이다. 보통 사람들은 쉽게 이야기한다. 하지만 이것은 대단한 축복이고 힘이 되는 하나님의 큰 선물이다. 작품의 곳곳에 드러나는 가족애와 특히 시부모님을 모시며 살았던 이야기는 큰 감동으로 다가왔다.

두 번째로 부각되는 점은 음악과 문학이다.
아름다운 삶을 남길 수 있는 글과 하늘과 주변에 보내는 아름다운 음악이라고 생각한다. 본문 중에 작가는 '나의 온 몸은 기쁨과 노래 나의 온 영혼은 감사와 찬미'라고 고백하고 있다. 작가의 악기는 특별한 영성을 갖은 목소리이다. 하나님이 주신 달란트이겠지만 작가는 '백번 천번 갈고닦은 정신력'이라고 고백하고 있다.
작가는 결혼 후 네 아이를 낳고 성악을 전공하고 학교에서 잠시 중등교사로 근무도 하고 음대에 출강하기도 하였다. '지금까지 얼마만큼 살아왔다가 아니라 앞으로 어떻게 살 것인가'가 중요하다는 그의 말은 씨앗이 되어, 새날 새 꿈을 품은 학생들과 우리 후손들의 마당에 뿌려졌으리라.

　작가의 글을 읽다 보면 많이 등장하는 단어가 있다. 문학관과 음악회 그리고 영화와 도서가 소개되고 작가의 감흥으로 쓰인 독후감이나 음악 작품에 대한 해석을 만날 수 있다. 성악을 전공하여 성악가가 되어서 한 일들은 매우 담담하게 전개되고 있다. 보통 사람들은 접근도 어려운 폐쇄 병동에서 봉사활동을 하며 음악을 접하고 점점 달라져 가는 환자를 바라보는 작가의 마음은 감동 자체다. 정신질환자들은 오로지 음악 소리에만 반응한다는 연구 결과를 읽은 적이 있다. 천지가 창조되는 날 가장 먼저 소리가 있었음을 증명하는 말인 듯도 하다. 음악을 전공하다 보면 파생적으로 심리학과 의학 그리고 장애에 대한 폭넓은 관심과 지식이 쌓아졌을 것이다. 그것들은 고스란히 다시 그들에게 돌아가 아름다운 결실이 되었을 것이고 결국 소외되고 헐벗고 병든 자들을 위해 쓰이고 있음을 발견하게 된다.

　작가의 작품에서 마지막으로 이야기하고 싶은 점은 생활의 자연스러운 과정이고 삶의 최종 목적으로 보이는 봉사와 헌신이다. 작가의 시각은 다른 사람들과 다르다. 신체장애를 능력장애로 여기지 않는 시각이다. '신체가 부족하면 불만족이다. 그러나 인생은 대만족이다'라는 글을 읽고 필자는 놀라움을 금치 못했다. 작가의 시선은 질병으로 고통받는 사람들과 장애를 갖은 이웃들, 정신질환의 환자들 그리고 교도소에 수감된 소년들까지 확산되고 있다.

　도대체 어떠한 힘이 이러한 삶을 영유하게 하는지, 분명 힘들고 아픈 일도 많았을 터인데, 이렇게 평생을 더 아프고 더 힘든 이들을 위해 헌신할 수 있는 힘은 어디에서 나오는 것일까. 작가의 관심과 글의 소재는 더욱 확산되고, 깊어지고 죽음을 기다리는 사람들이나 이혼한 결손가정의 입장에서 더 친밀하고 진지한 인생에 대한 숙고가 돋보인다. 심지어 죽음마저도 무조건 부정하며 무서워 말고 긍정적인 자세로 성찰해야 하며 삶과 죽음을 생각하는 이 시간이 값지고 소중한 시간이 되리라고 쓰고 있다. 이러한 작가의 태도는 매우 고무적이고 읽는 자들에게 큰 위로와 성찰의 시간이 되리라고 생각한다.
　이 글을 읽는 독자들은 다양한 직업과 다양한 종교를 갖은 남녀노소일 것이다. 한 가지 분명한 것은 작가가 이렇듯 힘을 얻고 있는 것은, 도처에서 슬그머니 또는 불쑥 때로는 당당하게 인용되는 하나님의 말씀이다. 인용된 성경 구절은 대단히 절묘해서 설혹 타 종교인이라 할지라도 대단한 감동을 느낄 것이다.
　많은 독서에서 얻어진 다양한 삶 즉 관계 설정, 미래에 대한 질문, 인생에 대한 다양한 사랑의 무늬 그리고 종교와 생의 열정까지 작가가 쓴 글들은 대단한 감동이었다. 간접 경험이 가끔은 삶의 지름길도 될 수 있다는 말을 하고 싶다.

 이러한 산문집을 만난다는 것은 큰 행운이다. 높고도 깊고 넓다. 이 시점에서 필자는 서두에서 밝혔던 작가의 중심에는 무엇이 자리 잡고 있는가를 다시 한번 밝히고 싶다. 그것은 작가의 가장 핵심적인 기독교적 정체성이다. 기독교 가정에서 태어나 일찍이 유년 시절부터 신앙심이 깊은 까닭인지 여고를 졸업하고 바로 신학교에 진학을 한다. 신학을 우수한 성적으로 마치고 짧게 목회를 한 후 운명의 사람을 만나 결혼을 하고 시부모를 모시고 살면서 네 명의 자녀들을 반듯하게 키웠다. 그러나 뜻하지 않은 남편의 교수직 부당 해임으로 인해 온 가족이 시련의 도가니에 빠지게 된다. 그러한 어려움 속에서도 사 남매 중 셋을 예술고등학교에서 악기를 전공하도록 뒷바라지하며, 작가도 2006년에 신학대학원에 입학을 한다. 큰 부자도 아니었으니 얼마나 힘들었을까.

 작가는 신앙의 힘으로 앞에 놓인 모든 환난을 극복하고 감사로 승화시키며 지금은 농촌지역에서 목회자로 그 소임을 다하고 있다. 작가는 목회자이면서 예술인의 삶을 누리며 힘들고 어두운 곳에 두 손을 내밀어 따뜻한 마음을 나누고 있는 것이다.

 마지막으로 작가의 시문학에 대한 월등한 능력을 말하면서 글을 마치려 한다. 작가의 글 속에는 많은 노랫말과 시가 소개되고 있다. 인용한 시에 대한 시 해석은 이미 전문가 수준이다. 작가는 이미 시인이 되어있었다. 사실 차원 높은 음악의 전문인이 시문학에 탁월한 재능이 있는 건 당연할 수도 있다.

작가가 넘나드는 문학과 음악이 '힘찬 '열정으로 음악과 함께 내딛는 문학인' '깊은 성찰로 문학과 함께 나아가는 음악인'으로 사는 삶을 소중히 여기겠다는 작가의 꿈은 이미 이루어졌음을 밝히고 싶다.

최옥경 작가의 다음 작품집은 아름다운 삶의 향기가 세상 끝까지 퍼져나갈 시집이 될 것이다.

| 차례 |

축하의 글 ·· 4

힘찬 열정과 깊은 성찰로
한 해를 보내면서 ······································ 15
G병동 환우들과 함께 ································ 20
그가 가는 길·· 23
힘찬 열정과 깊은 성찰로 ··························· 26
값지고 멋진 ·· 30
신춘음악회를 다녀와서······························ 35
희망의 쉼터 ·· 41
졸업 연주회를 앞두고 ······························· 47
졸업 유감 ··· 52
백련천마(白鍊天磨) ···································· 57
음악과 인생 ·· 61

한 번 뿐인 인생 곧 지나가리라
백년해로의 끈 ··· 65
한 번 뿐인 인생 곧 지나가리라··················· 70
「멈추면 비로소 보이는 것들」을 읽고서 ·············· 74
눈먼 새의 노래 ·· 82
"Brother Sun Sister Moon" ························· 91
십계 7 ·· 97
오체 불만족(五體 不滿足) ··························· 102
거울 앞에서 ··· 106

오늘과 내일
행운의 열쇠 ··· 113
세상에서 가장 아름다운 그 이름 ················ 117
십일월의 어느 멋진 날에 ·························· 124
손수레를 끄는 ㄱ자 여자 ·························· 132
남편나무 ··· 136

십일월의 신랑 신부를 위하여 · 143
정민이와 에이미처럼 · 150
멋쟁이 최 소장님 · 155
달빛내리는 월출산을 나도 말하리 · 159
불굴의 사나이 · 166
오늘은 가장 행복한 날입니다 · 169
늦깎이 · 173
테니스 · 177
사색하는 마음 · 180
오늘과 내일 · 183
춤추는 별들 · 188
남·북 정상회담 · 193
엄마의 입술 · 198
줄넘기 · 202
가을의 창가에서 · 206

사랑과 나눔이 있는 곳에
나눔 마을 사람들의 작은 외침 · 211
창 밖을 보던 다니엘 · 216
백해무익한 담배라던데 · 221
S 교수의 선택 · 225
병문안 일기 · 231
가장 불행해 보이는 이의 가장 행복한 이야기 · · · · · · · · · · 236
나도 누군가에게 · 243
사랑과 나눔이 있는 곳에 · 247
어머니의 기도 · 254
21세기의 성녀(聖女) 테레사 · 259
새벽 등산 · 264
얼굴 · 269
'우공이산' 정신으로 · 273

힘찬 열정과 깊은 성찰로

한 해를 보내면서

새하얀 함박눈이 소복소복 소담스럽게 내리던 날!
길 가던 행인들의 발걸음을 멈추게 하던 구세군의 종소리!
거리거리마다 크리스마스를 재촉하며 울려 퍼지던 흥겨운 캐럴! 이젠 모두 귓전에 희미한 메아리로 남았을 뿐. 또다시 역사의 뒤안길로 멀어져 가는 임오년의 마지막 달의 단 하루만이 남아 있는 달력을 허전한 마음으로 바라본다.
정녕 이렇듯 황급히 지나가는 썰물 같은 세월을 붙잡아 둘 수도, 쉴 새 없이 밀려오는 밀물 같은 시간을 묶어 둘 순 없는 걸까.

단 한 번뿐인 생!
그 무엇과도 대신할 수 없고, 그 무엇을 주고도 살 수도, 바꿀 수도 없는 그래서 연습해 볼 수도 없는 일회적인 인생! 게다가 삶은 날마다 시험과 투쟁의 연속선상에 놓여 있지 아니 하던가.

　결코 되돌릴 수 없는 삶이라지만 누구나 삶의 여정에서 다시금 청춘의 시절로 되돌아가서 못다 한 일들을 해보고 싶은 미련이 남아 있을 것이다.

　다시 되돌아 갈 수 있다면 아무래도 난 학창 시절로 되돌아 가보고 싶다. 내가 만일 단정하게 교복을 입은 여고생으로 되돌아갈 수 있다면?

　날마다 열심히 공부하는 것은 물론이요, 시험을 볼 때면 떨지 않고 즐거운 마음으로 치를테고, 항상 좋은 책들을 많이 읽어 사색의 폭을 넓혀 나감으로써, 교양과 실력이 뛰어난 여학생이 되도록 최선을 다할 것이다.

　결혼하여 네 아이를 낳고 뒤늦게 시작한 성악(聲樂) 전공도, 생기발랄한 여고생의 위치에서라면 꾸준히 발성 연습을 하며 곱고 아름다운 음색을 찾아 줄기차게 성악가로서의 훈련에 박차를 가하며 온갖 열정을 다해 공부했을 테고, 지금쯤은 성악가로서 왕성한 활동을 하며 음악에 취해 신명 나게 살 터인데…

　그러나 내가 학창 시절로 되돌아가고 싶어 한들, 또 훌륭한 성악가로서의 꿈을 이루지 못해 한탄한들, 되돌릴 수없는 유한한 존재일 뿐이니 이제 와서 아쉬워하고 후회한들 무슨 소용이 있으랴.

　이제 내가 해야 할 일은 오직 '어머니로서의 그 본분에 충실한 현모요 또 양처'가 되어 가정을 행복하게 꾸려나가는 것이려니 이보다 더 내게 중요한 일이 또 무엇이 있으랴.

　이렇게 학창 시절에 대한 미련 때문에 지나간 날들을 되돌아보니 몇 년 전 S 중학교에서 '음악 교사'로 활동한 일이 기억에 되살아난다.
　늦깎이 주부 대학생으로서 현역 학생들과 어깨를 나란히 하며 힘겹기는 했지만, 열심히 공부를 하고, '교직 이수'를 한 결과 '중등 2급 정교사 음악 교사 자격증'을 취득하게 되었고 그 덕분에 교육의 현장에서 잠시나마 보람을 맛볼 수 있었다.
　내가 교생 실습을 나갔었던 S 중학교와는 인연이 있었는지, 임시교사로 다시 강단에 서게 된 것이다. 그때를 떠올려 보니, 수업 시간에 초롱초롱 두 눈을 크게 뜨고 집중하는 학생들이 참 예뻤다. 반면에 책상에 낙서나 하면서 수업 시간에 딴전을 부리는 학생들은 좀 얄미웠었다.
　또 수행평가를 위해 학생들에게 슈베르트의 "마왕"에 대해서 음악 감상문을 써오라는 과제를 내주고서 검사를 해보면 마치 대학생처럼 정성껏 해 온 학생들이 참 대견하고 기특했었다. 반면에 마치 철부지처럼 대충 성의 없이 해 온 학생들도 많아서 몹시 안타까웠었다.
　또한 학력고사나 중간고사와 기말고사를 보는 날에 시험

감독을 들어가 보면 답안지를 채우기 위해 최선을 다하는 학생들이 있는가 하면, 답안지를 다 채우지 못하고 빈 공간으로 남겨 둔 채 엎드려 자고 있는 학생들도 많았었다.

그런 학생들을 보는 내 마음은 답답했었다. 그들의 학부모들은 일편단심 자녀들이 훌륭한 인재로 성장해 주기만을 학수고대하며 교육시키기 위해서 온갖 고생을 마다하지 않을 것이 분명했기 때문이었다. 그들도 학창 시절에 열심히 공부해서 나처럼 후회하지 않아야 할 터인데…

물론 학식과 지식만을 높이는 것만이 제일은 아니겠지만 학생의 본분은 뭐니 뭐니 해도 성실하게 공부를 잘해야 하며, 공부를 잘하면서도 예의범절이 뛰어나고 어질고 선하며 인사성이 바른 사람이라면 더할 나위가 없으리라.

독일의 유명한 철학자 칸트가 말한 것처럼

"<u>스스로</u> 생각하고 <u>스스로</u> 탐구하고 제 발로 서는 보다 자율적이고 창의적이며 능동적이고도 진취적인 학생들이 많아졌으면 좋겠다는 생각을 해 본다.

지금까지 "얼마만큼 살았느냐보다 앞으로 어떻게 살 것인가"를 더 깊이 신중하게 생각하며 저마다 다가오는 미래를 알차게 준비해야 할 터니까.

어디서 무엇을 하든 금보다 더 귀한 일초일각을 "생명" 그 자체로 알고 꼭 필요하며 성숙한 사람으로 설 수 있도록 말이다. 모든 것은 때가 있으니, 각자의 소명에 따라 각자의 위치에서 저마다 주어진 그 절호의 순간을 영원처럼 살아야 하리라. 새 날의 새 꿈을 꾸며 대망을 품고 우리의 자랑스러운 조국, 아시아의 등불 코리아를 위하여, 더 멀리 오래오래 웅비해야 하리라.

어디선가 크리스마스 캐럴이 은은하게 들려온다. 소복소복 흰 눈이 쌓이는 거리거리로 구세군의 종소리가 맑게 울려 퍼진다.

아! 계미년 한해가 또다시 어김없이 저물어 가고 있다. 이제 묵은 한 해에 집착하지 말기로 하자. 찬란한 갑신년의 새해 새 날을 벅찬 가슴으로 맞이하라고 보신각의 큰 종소리가 길게 울려 퍼질 테니까.

G병동 환우들과 함께

지난여름 소나기가 시원하게 쏟아지던 어느 날 S 여사를 우연히 만났습니다.
"빗소리가 음악만큼 좋네요."
S 여사는 누구보다도 음악을 사랑합니다. S 여사는 G 병동에 '음악치료' 자원봉사를 나가고 싶어 했습니다. 시간이 없어 안타까워하다가 나를 만나자 한번 해 보는 것이 어떻겠냐며 권했습니다. 나는 잠시 망설였지요.
G 병동은 누구나 쉽게 다가가는 것을 주저하는 폐쇄병동이었기 때문입니다. 하지만 환우들의 고통을 음악으로 잠시나마 시름을 잊게 해 준다면 이 또한 무엇보다도 소중한 일이라 생각이 되어 승낙하였습니다. 그들에게 무엇을 가르치거나 보여 주기보다는 그저 편안한 친구가 되어 주기로 한 것이지요.
나의 노래 한 곡이 G 병동 환우들의 투병 생활에 작은 위로가 되어 준다면 얼마나 행복한 일일까요.

환우들은 그 상태가 각각이었습니다. 자신의 이름이나 나이도 모르고 그 쉬운 노래 한 곡을 끝까지 완창하지 못하는 중환자가 많았습니다.

그러나 한 번 두 번 방문을 거듭할 때마다 아들이 조금씩 달라져 가는 것을 볼 수 있었지요. 지난 시간엔 냉소적이었던 여성 환자도 밝은 표정으로 뛰어나와 노래하며 춤도 추었지요. 모두 반주에 맞추어 힘차고 경쾌하게 노래 부르며 몸동작하면서 용기와 자신감을 되찾은 듯 활짝 웃으며 즐거워했습니다.

이처럼 만날 때마다 반갑게 맞아주며 날라져 가는 환우들의 모습은 고단한 나의 삶에 잔잔한 기쁨이었습니다. 사람의 본성은 다 마찬가지인가 봅니다. 오래도록 병마에 짓눌려 억압된 잠재의식이 음악에 겨워 튀어나온 것이겠지요.

G병동의 생활은 날마다 새장에 갇힌 새 마냥 생명의 연장을 위해 세 끼 양식과 독한 약을 먹는 것이 일과일 텐데, 어느 날 흥겨운 음악과 접하고 보니 새로운 기운이 난 것이겠지요. 아마도 마음의 평정뿐 아니라 신체의 리듬까지도 되살려 준 모양입니다.

"자폐 아동이나 정신질환자들은 임상 현장에서 오직 음악에만 반응을 보였다."라는 연구 결과가 있지요. 음악이 환우들의 정신적 문제를 해결할 수 있는 근거가 되어 주고 있다는 것이겠지요.

인류학자 메리엄은 음악의 기능을 '감정 표현, 미적인 즐거움, 오락, 커뮤니케이션, 상징적 표현, 신체적 반응, 사회 규범, 사회 기관과 종교의 확인, 사회와 문화의 연속성, 사회 통합에 이바지하는 기능'으로 분류했더군요. 메리엄의 분류에서처럼 G 병동 환우들에게도 음악이 주는 순기능들이 그들의 감정 표현과 신체적 반응을 통해 알맞게 적용되어 정서가 순화되고 심리치료에도 큰 도움이 되어 줄 것이 틀림없을 것입니다.

좀 더 음악치료 분야에 관심을 갖고 전문적인 음악 지식과 음악능력 외에 의학과 심리학, 장애에 대한 폭넓은 지식의 습득이 필요한 것을 깨달았습니다. 무라이 야스지의 말처럼 G 병동 환우들로부터 반짝반짝 빛나는 보석을 볼 수 있는 마음으로 늘 정열과 만족감을 갖고 정성과 사랑으로 최선을 다하는 친구로 남고 싶습니다.

"선생님, 고맙습니다. 다음 주에도 꼭 오셔야 되요. 꼬옥~요"

새끼손가락 잡아 걸며 약속하자던 소녀의 응석 어린 애잔한 목소리가 귓전에 맴돕니다.

벌써 G 병동 환우들과 함께 할 다음 주 목요일 오후 세 시가 기다려집니다.

그가 가는 길

"나는 승산만을 위해서 투쟁하지 않는다. 그 길이 옳은 길이기 때문에 갈 뿐이며, 반드시 누군가는 가야 할 길이다."

그가 결코 타협할 수 없는 악의 축과의 대결 앞에서 반드시 공의는 승리한다는 일념 하나로 버텨 온 지도 어느덧 오 년여의 세월이 흘렀다. 그 신념의 좁은 길이 견뎌내기 힘든 거친 가시밭길이었건만 나 역시 그의 뜻을 존중하며 지난 세월을 잘 견뎌왔다.

그렇지만 지금 큰 딸애가 대학생, 둘째 딸애가 예고 삼 학년 수험생, 셋째 딸애는 여고 일 학년, 막둥이는 중 삼 졸업반이다. 이렇게 여섯 식구의 생계를 이어가야 하는데 여러 해 동안 가장의 경제력 상실로 온 가족이 몸살을 앓고 있다.

'지금·여기·오늘·이 시간'이 이제껏 살아오면서 가장 힘겹고 고통스러운 상황인 것을, 올 한 해 뼈저리게 느꼈다.

"남편이 쟁기질을 쉬면 아내라도 쟁기를 잡아야 한다."라던 지인의 말에 힘을 내어 내가 세일즈 우먼으로 생활전선에 뛰어든 지도 벌써 일 년이 넘었다.

언제쯤이면 그가 다시 강단에 서서 교육자로서의 본분을 다하며, 어엿한 한 가정의 가장으로서의 책임을 다 할 수 있을는지.

"누에가 뽕잎만을 먹듯 어찌 선비가 다른 길을 택할 수 있으리요"라며, 손을 놓고 있는 그의 무기력한 모습에 때론 울화가 치밀어 오를 때도 많았다.

무엇보다 마음이 아팠던 것은 성장기에 있는 자녀들이 집안 걱정 없이 마음껏 공부에 전념하도록 여건을 제공해 주지 못하는 데 있다. 하지만 어떻게든 헤쳐 나가야만 하는 엄연한 현실을 받아들이며 좌절하거나 낙담하고만 있을 순 없었다.

올가을 어느 주말 오후에 나는 착잡한 마음을 가라앉혀 보려고 "뮤직 4U"로 향했었다. 그곳에서 보 비델베르그 감독의 "엘비라 마디건"을 감상하였다.

스웨덴의 귀족이자 육군 중위인 탈영병 식스텐 스파레 백작과 서커스단에서 도망 나온 엘비라 마디건의 낭만적인 사랑이 비극적인 종말로 이어지는 내용이다. 그 어느 곳에서도 맞아 줄 안식처가 없어 방랑하던 엘비라의 비단 돈주머니나, 식스텐의 금박 돈지갑도 텅 비어 버리고 결국 이들은 굶주린

배를 채우지 못하는 극한 상황 속에 놓였고 죽음을 생각한다. 이들은 끝내 못 이룰 사랑을 이루기 위하여 목숨을 내던지고야 만다. 이렇게 엘비라 마디 건은 서글픈 종말을 고한다.

요즈음 주변을 둘러보면 극심한 생활고에 시달리며 온갖 마음의 고통에 몸부림치던 이웃들이 소중한 목숨을 거침없이 끊고 세상을 등지는 사례들이 속출하고 있으니 안타까움을 금할 수 없다. 죽을 용기를 갖고 이 세상을 산다면 그 무슨 일인들 못 하리요 마는. 어느 누구든 제 앞에 놓인 시련의 강을 의연하게 건너려면 그 시련을 동반자로 삼아 창조적인 인생을 살려고 애써야 하리라.

어느 시대에나 가장 위대한 사람들은 가장 큰 고통을 잘 겪어 냈던 사람들이 아니었던가.

하여 아무리 모질고 거센 시련의 바람과 눈보라가 몰아친다 해도, 우리 가족은 그 모든 것을 늘 감사하며 욕심 없이 인내를 배우며 그분이 우리에게 주신 소명을 다하기까지 어떠한 시련도 능히 극복하며 앞만 보고 달려가야 하리라.

결국엔 음지에 놓인 그의 길도 마침내 양지바른 곳, 아니 목동 다윗의 푸른 초장과 맑은 시냇물이 넘쳐흐르는 복된 터전으로 반드시 나아가게 되리라.

이제 나는 "삶이 그대를 속일지라도 마음은 언제나 미래에 사는 것"이라던 푸시킨의 시를 기도문처럼 암송해 보련다.

힘찬 열정과 깊은 성찰로

 일전에 태백산맥의 작가 조정래 님은 "모든 예술 중에서 문학의 최고 우위성"을 주장한 적이 있다. "영구히 기록 보전되는 문자로 비롯된 위대한 문학 작품은 어느 한 공간의 제약을 받는 음악과 무용을 비롯한 여타의 예술보다도 제일 순위의 위치에서 있다…"라고.
 이는 모든 예술 작품 보고의 출처가 문학 작품에서 비롯되기 때문이라는 것이다.
 이 말을 반박하고 싶은 예술인들도 있을 것이다. 그 자신들이 좋아서 택한 예술 분야가 다른 어떤 장르보다 최고라는 자부심을 품고 있을 테니 말이다.
 왜냐하면 뒤 늦게 시작한 음악 공부인 까닭에 음악 전공자로서의 길에 더욱 충실해야 하건만, 끝내 문학인으로서의 길을 저버리지 못하고 두 장르 사이에 서 있는 어설픈 처지를 내내 갈등하고 있었음이다.

어차피 음악이든 문학이든 그 곁을 떠날 수 없다면, 문학의 우위성을 인정하는 처지니만큼 이들과 함께 동고동락해야 한다.

그 어느 쪽이든 응집된 지혜와 정열과 용기로 가꾸어 최상의 열매를 거둘 수 있어야 하겠지만, 비록 그 열매가 작다 할지라도 일평생 이들과 함께 호흡하련다.

우리 주변엔 의사이면서 화가로, 또 소설가이면서 화가로서의 두서너 가지 업을 능히 잘 감당해 내는 이들이 있지 아니한가.

그런데 예술가들의 고뇌는 그들의 삶이 여건이 척박할 때도 생계 수단으로서가 아니라, 참 예술가로서의 정신세계를 지양하며 오롯이 창작활동에 전념해야 함에 있을 것이다.

모든 예술인은 각자가 선택한 장르에서 끊임없이 고뇌에 찬 창작의 과정을 거친 그 예술 작품을 세상에 내놓아야만 하기 때문이 아닐까. 그래서인지 음악인으로서의 생활은 줄곧 연주가의 길로 이끈다.

두어 달 전에 나는 급작스럽게 연구실적물을 출강하는 대학에 제출해야 할 난감한 상황에 놓였었다. 시간 외에 다른 영업을 겸해서 하는 내겐 도무지 보름 만에 무엇을 해낼 수 없는 형편이었다. 그저 막막할 뿐이어서 아예 단념할 일만 남았을 뿐이었다.

그러나 나는 연구실적물을 기한 내에 제출하지 못하면 2

학기 임용에 결격사유가 된다기에 고민을 거듭한 끝에 '독창회'를 준비하기로 결정을 내렸다. 굳이 필요에 의해서라기보다 어렵게 출발한 음악인으로 사는 삶을, 발표한 작품과 연주 경력이 없어서 무기력하게 낙오자가 되고 싶지 않았음이다.

무모한 일인 것은 명백했지만 음악과 지도 교수에게 용기를 내어 조심스럽게 독창회 건에 대해 상의한 후에 십여 일 동안 집중적으로 준비하기 시작했다. 나의 절박한 형편을 잘 아는 까닭에 지도교수는 성심성의껏 발성법과 노래 곡목을 지도해 주었다.

독창회를 하게 된 그날은 장마 중인지라 하루 종일 비가 내릴 기세여서 은근히 걱정되었다.

그런데 오후가 되자 점점 빗줄기는 가늘어지더니 감쪽같이 그치고 유월의 푸른 하늘은 맑고 밝은 햇살로 눈이 부셨다. 독창회의 프로그램을 짜는 일은 언제나 신경이 쓰이는 일이다.

마치 미술 전람회에서 그림을 알맞은 곳에 거는 것과 같다고 할까.

"여러 작곡자의 스타일 간 대조, 한 작곡가의 곡들 간의 대조, 템포의 대조, 조성의 대조, 피아노 반주부의 리듬 양식의 대조, 분위기와 표현 등의 대조"가 잘 계획되어야 하는 것이기 때문이다.

이번 독창회도 가족 음악회 성격으로 프로그램을 구성해

보았다. 동생이 플롯을, 둘째 딸애가 첼로 독주를 막둥이가 바이올린 연주로 협연함으로써 독창회가 더욱 훈훈한 자리가 되어 주도록 말이다.

여전히 힘겨운 상황에 놓여 있건만, 순조롭게 독창회를 치루고 나니 성악가의 책임과 본분을 돌아보게 되었다. 더욱 부단한 훈련으로 계발, 연습하여 어떠한 상황에서도 준비된 연주자로서 안전한 연주를 할 수 있도록 견고한 기초를 다져야 함을 다시 한번 깨달았다.

이제 독창회를 마친지도 여러 날이 지났다.

여전히 변화를 모르는 삶의 여건과 정황이 마땅치 않아서인지 '음악인과 문학인'으로서의 삶의 두 바퀴가 균형과 조화를 이루며 향상을 기하지 못해 늘 안타깝기만 하다.

그렇지만 이들과의 인연을 물리칠 수도, 뗄 수도 없으니 비록 허물과 부족함이 많을지라도 "힘찬 열정으로 음악과 함께 내딛는 문학인", "깊은 성찰로 문학과 함께 나아가는 음악인으로 사는 삶"을 소중히 여기련다.

먼 훗날! 이렇듯이 고민하던 힘들고 고단한 시절들이 있었기에 예술인으로서의 드라마틱한 내 삶의 의미가 더욱 소중하고 아름다운 것이었음을 터득할 수 있도록.

값지고 멋진

　나는 신체장애를 결코 능력의 장애로 여기지 않고 굳세게 사는 이들을 그 누구보다 더 존경하고 싶다. 더구나 중증 장애를 입었음에도 어떤 정상인 못지않게 주어진 삶을 진지하게 받아들이고 용기 있게 도전하는 이들에게는 뜨거운 박수를 보내고 싶다.
　또한 자신의 신체적 불편함을 아랑곳하지 않고 그보다 더한 장애에 시달리는 자들을 위해 물심양면으로 도와주고 희생하며 살아가는 이들의 모습을 볼 때엔 어쩌면 나도 그들 모습의 반만큼이라도 본받아야 한다는 생각을 해본다.
　우리 주변을 둘러보면 선천적인 장애우들도 많지만 뜻하지 않은 교통사고와 산업재해나 천재지변에 의해 후천적으로 장애를 입게 되는 이들이 속출하고 있다. 그런데 우리나라에선 교통사고로 인한 후천적인 장애우들이 대부분이라고 한다. 그래서 '인명(人)은 재천(在天)'이라기 보다 '인명(人命)은 재차(在車)'라는 말도 등장했는가 보다.

  요즈음엔 어려움을 당한 이들과 노약자들의 복지에 관심을 두고 그들을 위해서 대학에서 전문적으로 사회복지학을 공부하고자 하는 이들이 날로 늘어나는 추세이다. 이러한 고귀한 뜻과 따뜻한 인정을 품은 이들이 우리 곁에 가까이 있다는 것은 늘 절망의 강에 빠져 허우적거렸던 어려운 이들에게 항상 희망의 푸른 벌판을 향해 달음질치고픈 용기를 실어 주기에 충분하리라.

  이처럼 우리 사회의 그늘지고 구석진 곳에 버려져 외면당한 이들을 찾아가서 재활의 발판을 놓아주며 참된 도우미의 삶을 몸소 실천하는 이들이 있기에 우리가 사는 세상은 점점 밝아지는 것이 아니런가.

  나는 일전에 '음악이 있는 마을'이란 아마추어 합창단(남녀 단원 48명)이 장애인을 위해서 아주 아름다운 결혼 콘서트를 기획하고 연출했다는 멋진 소식을 들었다. 그 합창단원들은 '더불어 사는 집(서울 구로동)'의 소아마비 신랑과 뇌성마비 신부의 결혼식을 '음악회'로 치렀다.

  소아마비 신랑은 주페의 경기병 서곡' 합창 속에 입장했고, 뇌성마비 신부는 성당 사제의 손을 꼭 잡고 '반달' 노래를 들으며 입장했다.

  비록 심한 장애를 입은 신랑과 신부이었지만 이들의 새출발을 감미로운 선율로 축하해 주는 합창단원들의 노래 선물과 그 정성에 주인공들의 가슴은 얼마나 훈훈했을 것인가. 아마 그 노랫가락은 신랑 신부의 삶 속에 언제나 되살아나서 그들의 인생을 더 값진 것으로 이끄는 원동력이 되어 주기에 충분했으리라.

지금 이 시각에도 남이 알게 모르게 어려운 이들을 찾아다니며 그들을 씻기고 위로해 주며 끼니까지 무료로 제공해 주는 선한 이웃들이 열심히 봉사하며 땀을 흘리고 있을 것이다. 이제 차츰차츰 우리 주변의 장애우들을 바라보는 시각과 그 대우가 부드러워져 가고 있고 이들을 위한 편의 시설과 문화 공간이 확대되고 있으니 한층 더 기쁘다.

우리 전라북도 내에도 특히 시각 장애우를 위한 도서관을 개관해서 이들을 위한 지식과 정보를 무료로 제공해 주고 있으니 참으로 반가운 일이다. 특히 이들의 편의를 위해서 전화로 대출 신청을 해도 우편이나 자원 통해 집으로 배달해 주며, 시각 장애우들의 다양한 정보 문화 욕구를 충족시키기 위해 독후감을 공모하거나 독서 토론회도 열어서 재활 의지를 돋구고 권익을 높이는 여러 사업을 모색한다하니 고마운 일이다.

이젠 우리의 발길이 닿는 곳마다 장애우를 배려하는 사람들이나 화장실, 주차장을 쉽게 만날 수 있고, 서울에선 휠체어를 탄 채로도 볼링을 즐길 수 있도록 시설을 마련해 놓은 곳도 있으니 더욱 즐겁다.

최근에 우리 군산의 참여자치 군산시민연대 사회복지위원회에서는 장애인과 비장애인이 함께 하는 밝은 세상을 지양하는 취지로 "장애인을 위한 에티켓·점자와 수화 무료 수강생을 모집하는 프로그램을 개설해 놓고 있어서 참으로 흐뭇하다.

모처럼 어려움을 당한 이들에 대해 생각하다 보니 너그럽고 인정 많으며 선량한 성품을 타고난 바로 내 밑의 여동생이 떠오른다.

그녀는 제 몸도 약골이면서 기독교인의 사랑의 발로에서였는지 아무런 대가 없이 집 주변의 정박아들을 찾아 함께 놀아 주고 목욕을 씻겨 주는 등 수고를 아끼지 않고 있다.

그녀는 나에게 몸집은 크지만 정신 연령이 낮아 마치 어린애와 같은 자매들을 목욕탕에 데리고 가서 씻겨 주노라면 파김치가 되어 쓰러지고야 만다라고 말하곤 했었다.

나는 미처 생각도 못 한 일을 몸소 행동에 옮기며 장애를 입은 이들의 참된 친구가 되어줄 수 있음을 즐거워하는 그녀의 아름다운 모습에 내심 부끄러움을 느낀다. 언제쯤이면 나도 내 여동생처럼 선한 삶을 행동으로 옮겨 보며 살 수 있을는지…

아마 그녀처럼 남들이 꺼리는 이들을 사랑으로 품고 도와주는 이들의 값진 삶의 나날은, 쌓이고 쌓일수록 어려운 이들의 가슴에 포근한 기쁨과 행복을 한 아름 가득 안겨 줄 것이다.

그렇다면 남에게 먼저 대접과 인정과 사랑받는 것만을 좋아하는 이들의 삶의 나날은, 더하고 더할수록 허탈과 실망만을 되돌려 받는 것은 당연한 이치이리라.

이전보다 값진 삶! 그 멋있는 삶을 위하여 나보다 더 어려운 이웃에게 항상 관심을 갖고 도움의 손길을 펼치며 넉넉하게 베풀고 모자람 없이 섬기며 평생을 살아본들 어떠하리, 참 좋으리라.

신춘음악회를 다녀와서

새봄의 따사로운 햇살이 향나무와 소나무 사이로 정겨운 오후!

집 앞에 마주한 문화유치원에서는 신이 난 어린이들이 신 생님의 피아노 소리에 맞춰 힘차고 명랑하게 노래 부르는 소리로 싱그러움이 넘쳐난다.

얼마 전 갓 중학교 일 학년에 입학한 까까머리 신입생 막둥이가 어느새 학교에서 돌아왔는지 내게 우편물을 건네주었다. 설렌 마음을 재촉하며 큰 봉투를 뜯어보니 '신춘음악회' 포스터였다. 이렇게 내 손에 들린 음악회 포스터 한 장은, 남편의 직장 문제로 인해 온통 뒤죽박죽되어 버렸지만, 나의 심신을 달래 주는 따끈한 한 잔 오미자차의 새콤한 맛과 그윽한 향기로 내 곁에 찾아와 주었다.

늘 메마르고 허기진 삶의 여백을 천상의 선물인 아름다운 음악의 선율 속에서 그 가슴 벅찬 환희를 맛보고 채울 수 있다는 것, 이 얼마나 귀한 기회인가. 그 보배로운 음악의 진수를 맛보려면 무엇보다도 연주 날짜를 잊지 않고 기억해야 할 것 같아서 그 포스터를 냉장고 위에 붙여 놓았다.

이날로부터 나의 마음은 신춘음악회장으로 달음질하기 시작했다.

드디어 기다리던 신춘음악회 날은 왔고 나는 연주회에 늦지 않기 위해서 저녁 식사도 거른 채 서둘러 신춘음악회 연주회장으로 향했다. 시민 문화회관 입구에 당도하니 운곡 선생이 부드러운 미소로 나를 정중하게 맞아 주었다.

신춘음악회 연주회장 군산시장을 비롯한 시청 직원들, 그리고 학생들과 시민들, 심지어는 외국인들까지 참석해서 대만원이었다. 연주회장은 뭐니 뭐니 해도 관객 동원이 제일 중요하다. 이렇듯 연주회장을 가득 메운 관객들을 보니, 연주자들은 저절로 흥이 날 것이고 그 열기에 휩쓸린 청중들은 더욱 즐겁고 진지하게 음악의 세계로 몰입하게 될 것이니 내심 기뻤다.

드디어 신춘음악회의 서막은 오스트리아 빈에서 초연했던 〈시인과 농부 서곡〉과 함께 널리 알려져 클래식 팬의 사랑을 받는 주페의 서곡 경기병(Light Cavalry) Overture)을 연주함으로써 흥겨움과 그 특유의 활기를 내뿜기 시작했다. 이어서 바흐의 두 대의 바이올린을 위한 협주곡(Concerto for 2 violin in d minor)과 슈트라우스의 봄의 소리 왈츠(Voices of Spring)를 통해 그 열기는 더욱 고조되어 가기 시작했다.

슈트라우스의 〈봄의 소리 왈츠〉는 신선한 느낌을 그대로 표현해 주었을 뿐 아니라 듣기가 참 좋았는데 신춘음악회 곡목으론 제격이 아니었나 싶다. 이 왈츠는 원래 주네가 가사를 붙인 소프라노 독창곡으로 작곡되었으나 오케스트라 곡으로도 많이 연주되고 있으며, 따뜻한 봄날, 산과 들에서 지저귀는 새들의 노래와 젊은 연인들의 사랑 대화 등이 시냇물처럼 흘러가는 밝고 경쾌한 느낌의 왈츠다.

나는 매우 섬세한 선율로부터 가장 힘차고 박진감 있는 선율의 출렁임 속에서 새봄이 안겨 주는 벅찬 기쁨과 희망에 저절로 어깨춤을 추어 보며 맘껏 행복감에 젖어 보았다.

특히 사라사테의 치고이너바이젠(Zigeunerweisen)를 '마림바로 협연한 부분에선 내 음악의 현주소를 다시금 일깨워 준 시간이 되어 주었다.

붉은색의 연주복을 입고 나온 키 작은 여성이 '마림바 앞에 서서 오직 음악만이 그녀의 전부인 양, 사라사테의 음악에 온전히 몰입된 그 당당하고도 격정적인 모습 속에서 아주 초라한 나의 모습을 조명해 볼 수 있었다. 잠시 나의 가정에 몰려온 어려움 때문에 음악 외에 다른 세계를 기웃거리며 현실을 걱정해야만 하는 나의 어리석음을 자책하는 마음에 옥죄어 왔다.

"세계의 거장 카잘스는 구십 세가 넘었음에도 조금씩 발전해 가는 자신의 모습이 너무 좋아서 하루에 여섯 시간씩이나 첼로를 연습한다"하는데 어찌하여 나는 음악을 기꺼워하며 그 음악의 세계에 취하여 즐겁게 살지 못하고 있는지…

　이런저런 생각에 젖어 있을 때, 마림바 연주자는 그녀의 능수능란한 연주 솜씨로 인해 감동을 받은 청중들에 의해 뜨겁게 기립박수를 받았고 거듭거듭 앙코르 박수를 받았다. 그녀가 부럽고 장해 보였으며 그녀의 마림바 앞에서의 혹독한 연습과 훈련 과정이 대단해 보이기만 했다. 그녀의 연주를 감상하면서 "누구든지 심는 대로 거두리라"는 예수의 말씀처럼 이 세상에 그냥 쉽게 이루어지고 성취되는 일은 극히 드물고 어렵다는 것을 새삼 실감해 보았다.

　약간의 휴식이 취해진 후에, 노르웨이의 유명한 극작가 입센의 환상 시극이 그리그에 의해 작곡된 페르퀸트 조곡(Peer Gynt Suite No, 1-2) 제1 모음곡 '아침의 기분(E장조, 6/8박자)'에선 상쾌하고 청명한 아침

　그 자체를 표현해 주었고, '아니트라의 춤(a단조, 3/4박자)'에선 pp와 f로 주고받는 악상이 절묘하게 현과 트라이앵글로 깨끗하고 앙증맞게 전개되면서 그 매력을 뿜어냈다.

　'산신의 전당에서(B단조, 4/4박자)'는 2박에 나오는 행진곡풍의 작품인데 탬버린의 음색에서 주술적인 느낌을 받았고, 비슷한 멜로디의 호응 속에서 친밀감을 더해 주었고, 종소리가 우렁차게 울린 부분과 특히 끝부분에서 북소리가 쿵~쿵~ 여

운을 남기며 사라지는 것이 매우 인상적이었다.

제2 모음곡 '아라비아의 꿈(C장조, 4/4박자)'은 제4막에 나오는 모곡으로 에로틱한 동양의 매력에 반해 버린 페르퀸트가 예언자처럼 가장을 하는데 아름다운 아라비아 소녀들이 예언자의 도래를 기뻐하며 합창하고 춤을 춘다. 이 부분의 선율은 매우 섬세함을 보여 주면서 전체적으로 몽상적인 분위기 속에서 아름다운 춤을 추는 미녀들의 모습을 떠올리게 한다.

"솔베이크의 노래"는 널리 알려진 유명한 멜로디가 세 번 반복된다. 줄거리는 몽상가 페르퀸트가 희비가 얽힌 오랜 여정을 마치고 지치고 늙은 몸으로 고향의 오막살이로 돌아와 백발이 된 솔베이크를 만나 자기를 위해 정조를 지켜 준 그녀의 무릎에 엎드려 평화로운 죽음을 맞게 되는 것이다. 이 곡은 인생의 겨울을 맞이한 나그네의 고독과 번뇌가 엿보였고 내 가슴을 뒤흔드는 비애의 선율 그 자체였다.

후미를 장식한 차이코프스키의 이탈리아 기상곡은 그 수려하고 웅장한 화음들의 행진으로 이탈리아의 기상을 온 천하에 공포하는 듯한 선율로 신춘음악회장의 풍성함을 유감없이 더해 주었다.

이 모든 프로그램은 작년부터 상임 지휘자로 부임한 지휘자의 그 뛰어난 실력과 작품 해석으로 잘 연주되고 호평을 받았다.

언제부턴가 군산시립교향악단의 음악 연주 실력이 크게

향상되었는가 싶었는데, 이 일을 위해 S 지휘자는 신명을 다하는 분일 뿐 아니라 매우 정열적이고 신망받는 지휘자라고 한다. 역시 그가 지휘한 신춘음악회 프로그램을 감상해 보니 "한 사람의 지휘자가 바뀌니 음악도 저처럼 달라졌다"라며 군산시장이 일어서서 언급한 대로였음을 알 수 있었다.

서구적인 이목구비에 어깨에 이르는 곱슬머리며 시원스럽게 큰 키에 카리스마가 돋보이는 음악애로 지휘봉을 휘두른 지휘자는 예술인으로서의 그 넘치는 끼와 역량을 아낌없이 보여 주었다.

역시 S 대를 졸업한 후에 러시아 상트페테부르크 국립 음대 오페라 심포니 지휘과 최고 과정을 졸업하고 전설적인 지휘 교수인 스바로프스키의 수제자로 주빈메타, 클라우디오 아바도와 함께 동문수학한 알렉산더 알렉세이브로부터 지휘의 정통성을 사사한 이래로 꾸준히 호평을 받으며 이바지해 온 지휘자다웠다. 이마 위에 송글송글 빛나던 지휘자의 땀방울은 무르익어가는 '신춘음악회의 밤'을 한층 돋보이게 해 주었다.

여러 남녀노소 시민과 함께 나눈 신춘음악회의 진한 감동은 "가슴속에 항상 파도치는 추억을 안겨 주길 원하는 군산시장의 배려와 군산시립교향악단의 노고로 늘 언제나 내 영혼 깊은 곳에 사무칠 테고, 군산 시민의 가슴속에 커다란 안식의 빛으로 길이 남을 것이다.

희망의 쉼터

 무심코 푸르른 창공을 나는 새 한 마리를 바라보았습니다. 아무 힘도 들이지 않고 유유히 날개짓하는 새는 늦가을 여행길에 올랐나 봅니다. 이처럼 한 마리 어린 새에게도 놀아가 쉴 둥우리가 있으니 참 다행스럽습니다.
 만일 그처럼 가녀린 몸을 쉴 곳이 없었다면 그 어린 새는 점점 추워져 오는 겨울을 어떻게 지냈을까요.

 "공중의 새를 보라! 심지도 않고 거두지도 않고 창고에 모아들이지도 아니하되 너희 천부께서 기르시나니 너희는 이것들보다 귀하지 아니하냐?
 또 너희가 어찌 의복을 위하여 염려하느냐! 들의 백합화가 어떻게 자라는가 생각하여 보라! 수고도 아니하고 길쌈도 아니 하느니라…" 하시던 나사렛 예수그리스도의 말씀이 문득 떠오릅니다.

한갓 새 한 마리도 그 쉴 곳이 있으며 들에 핀 한 송이 백합화도 옷을 입었듯이 우리에게도 피곤함에 지친 몸과 맘을 기댈 안식처가 있어 참으로 고마운 일입니다. 만일 우리에게 쉼터가 주어지지 않았다면 얼마나 가련하고 불행했을까요.

우리가 한세상 사는 동안 삶의 희망을 북돋아 주고 용기와 도전의 정신을 함양시켜 주며 부모애와 형제애를 통해 인간관계에 이르기까지 모든 삶의 양식을 통달하게 하는 쉼터! 그 복된 안식처에서 저마다 인격을 도야하며 삶의 에너지를 충전 받아 인간답게 살아가는 나날 속에 더욱 용솟음치는 행복을 추구하며 그 본분에 충실하기에 이르는가 봅니다.

우리 평범한 이들이 가정이란 곳에서 휴식을 취하며 안식을 얻듯이, 노약자나 버려진 아이들과 갈 곳이 없어 떠도는 이들이나 장애우들과 지적 장애 우들을 위한 수용시설도 전국 각지에 많이 있는 줄 압니다.

우리 군산에도 미원동에 "희망의 쉼터"라는 곳이 있어 지적 장애 우들을 위하여 여러 교육프로그램을 마련해 놓고 이들을 교육하며 치료와 재활을 돕고 있어서 참 기뻤습니다.

무엇보다 정신적으로 장애를 입고 절망에 허우적거리는 나약한 이들에게 "운동요법"이나 "음악치료" 또는 "문학치료", "대인관계", "세상 읽기", "조리요법", "생활교육", "영어회화", "스트레스 관리" 등 다양한 교육 프로그램을 실시함으로써 그들의 생각을 자극하고 열어주며, 행동을 변화시키도록 이끌어 주는 교육의 효과는 매우 고무적인 것임을 깨달았습니다.

저의 전공이 '음악'이니만큼 그들에게 "음악치료 과목을 지도하는 것도 좋으리라고 여겼지만, U 소장이 "문학 치료" 과목을 맡겨 주어서 지난 시월부터 "희망의 쉼터"에서 일주일에 한 시간씩 봉사하고 있답니다.

첫 시간에 "희망의 쉼터"의 학생들과 수업했던 일이 떠오릅니다. 먼저 제 소개를 했더니 저의 이름 석 자가 태진아의 "옥경이" 노래와 똑같은 이름이라며 학생들이 떠들썩하게 웃어대었습니다. 이렇게 화기애애한 분위기로 시작한 첫 수업 시간은 시편 1편의 "복 있는 사람"이란 시를 암송케 하고 또 그 제목으로 시를 지어 보게 하고 각자 일어서서 지은 시를 낭송해 보도록 해 보았습니다.

모두 순박하고 순종적이었으며 즐겁게 수업에 임해 주었습니다. 그날 수업을 마치면서 그들에게 "가을 하늘", "고추 잠자리" 등에 대해 시를 지어 올 것을 당부하며 다음 시간에 올 때 시를 지어 오는 사람에겐 선물을 주겠다고 약속까지 했답니다.

그래서인지, 그다음 시간에 거의 모든 학생이 시를 지어 왔고 약속대로 조그마한 선물을 나누었습니다. 그날 "희망의 쉼터" 사람들은 별것도 아닌 선물을 받고 신이 났는지 희희낙락해 하며 주어진 주제에 따라 더 열심히 시와 산문을 쓰며 그들의 정서를 '원고지' 위에 토로하는 것을 보았습니다.

그들의 모습은 진지했습니다. 그들에게 "원고지 쓰는 법"에 대해서도 간단하게 가르쳐 주었더니 그에 알맞게 써 보려고 애쓰는 모습을 보며 보람을 느꼈습니다.

시월 셋째 주 토요일 오후엔 소설 협회 "탁류" 주최로 채만식 문학관에서 "지적장애 우들을 위한 백일장 대회"가 있다고 하기에, 그들에게 집에 돌아가 시집도 많이 읽어 보고 글도 많이 써 보라며 헤어졌습니다.

한 주가 지나가고 주말이 되자 채만식문학관에선 예정대로 백일장대회가 열렸고 이 대회에 참석한 장애우들이 많았습니다.

여기저기 채만식문학관의 잔디밭 주변에 둘러앉아 글을 쓰는 장애우들의 모습은 퍽 아름다웠습니다. 그들이 쓴 글을 살펴보니 정상적인 이들처럼 논리가 정연 하다거나 문맥이 튼실하진 않았으나 그들의 글은 가식이 없고 지극히 진솔한 마음의 고백이었음을 엿볼 수 있었습니다. 특히 시상식에서 장원을 받은 "하늘"이란 시와 "낚시터에서 있었던 일"이란 산문은 뛰어난 작품이었고 듣는 이들의 눈시울을 적시 울 정도로 감동적인 글이었습니다.

그날 시상식장에서 시상을 해 주었던 세명의 교수들도 흐뭇해하였습니다.

"희망의 쉼터" 사람들도 여럿, 입선을 해서 의기양양해하며 감격해하는 모습을 보며 저도 크게 박수를 치며 축하해 주었습니다.

  그 자리에서 유난히 제 눈길을 끌며 제 마음을 찡하게 한 것은 양손에 목발을 의지하고 시상식에 참석한 키가 아주 작고 왜소한 여인이 있었기 때문입니다. 그녀의 곁엔 잘생긴 남편과 예쁜 어린 딸이 함께 축하의 박수로 그녀를 반겨 주고 있었습니다. 한 여인이 불구의 몸으로 이 험난한 세상을 견뎌 나가기엔 몹시 힘에 겨울 텐데, 한 건강한 남성의 용기 있는 사랑으로 인하여 능히 모든 고통을 이겨 나갈 수 있는 모성애와 사랑의 능력을 지닌 건전한 사회인으로 서게 되었다는 사실이 감탄스럽기만 했습니다.

  그녀의 남편처럼 위대한 사랑의 승리와 그 본보기를 지닌 그러한 희생과 사랑을 닮은 그 드높은 행함으로 어려운 이들에게 따뜻한 손길을 펼칠 수 있다면 얼마나 좋겠느냐고 생각해 보았습니다.

  저도 그들 부부의 모습을 늘 떠올려 보며 "희망의 쉼터" 사람들에게 좋은 선생이요 좋은 친구로서 오랫동안 함께 하고 싶었습니다.

  지난주 "문학치료 시간에 종선이가 "행복과 불행에 관해 쓴 글을 읊어 보렵니다.

"행복은 자기 마음이 어두워지지 않고
불행은 마음이 어두워진다.
행복과 불행은 그렇게 쉽게 나타나지 않는다.
이 세상에 있을 때 마음이 어두워지지 않는 행복과
마음이 어두워진다는 불행이 없어지는 것은 아니다.
행복은 서로 간에 마음이 통할 때 좋아지고,
불행은 서로 간에 마음이 통하지 않을 때이다."

얼마 후면 고요함을 헤치고 새벽 미명이 밝아 올 것입니다. 그러면 저는 다시 따사로운 햇살을 닮고 싶어 하는 "희망의 쉼터" 사람들에게로 발걸음을 경쾌하게 옮길 것입니다.

졸업 연주회를 앞두고

한 고개, 두 고개, 세 고개 그 고갯길을 넘어설 때마다 얼마나 어려웠던가.

행여 그 힘한 고개를 넘지 못하고 제자리에 풀썩 주서앉을까 봐 그 얼마나 염려했던가.

제발 '자포자기는 하 지말자'라고 수없이 되뇌면서, 지칠 대로 지쳐버린 심신을 애써 부추기며 힘겹게 세 고개를 통과했다. 가정 주부가 공부한답시고 군산에서 서울로 일 년 육 개월이 넘도록 매주 오르락내리락했으니 그 고충이 오죽했겠는가?

하여튼 지극한 남편의 배려와 지원으로 석사 과정을 공부할 수 있게 되었으니, 나로서는 당연히 열심히 해야만 했다. 하지만 집에서 학교까지의 거리가 족히 다섯 시간 이상 소요되어야 하므로 차를 타는 일이 아주 지겨웠다.

그러니 서울행 고속버스터미널을 향해야 하는 날이면 '아휴! 또 어떻게 서울에 가야 할까? 하는 걱정이 먼저 앞섰다.

서울에서 수업을 마치고 차에 시달리며 군산으로 돌아오는 길은 구만리장천(九萬里長天) 같았고 한없이 아득하기만 했다. 그래서 나는 마중 나온 남편에게 투정을 늘어놓기 일쑤였다.

"여보! 나 말이에요. 그렇게 다니고 싶었던 대학원에 합격도 해 보고, 이렇게 몇 달 다녀도 보았으니, 인제 그만두고 싶네요."

그때 아마 그가 그렇게 힘들면 당장 그만두라고 했더라면, 난 미련 없이 대학원을 포기했을 것이다. 왜냐하면 가정 살림을 하면서 92학번으로 학부를 졸업해야만 했던 그 엄청난 후유증은 나를 가정에 안주하게끔 유도했기 때문이다.

그 당시 난 억척스러울 정도로 이 일 저 일을 병행해 가며 슈퍼우먼의 기상을 발휘하느라고 휴식을 몰랐던 것으로 생각된다. 해서 어렵사리 대학을 졸업하고 나니 매사에 기력이 달렸고 뭔가 다른 일을 시도한다는 것은 더더욱 엄두가 나지 않았다. 나 자신도 무기력해 진 나의 모습에 놀랐다. 그저 평범한 아낙네로서 늘 아이들 곁에서 엄마다운 엄마로 지내고만 싶었다. 사실 아이들도 여럿인 데다가 집안일만을 하고 지내도 내겐 하루하루가 벅찬 생활이었다. 그런데 남편은 나의 심정을 헤아리지 못하는지 내게 또 대학원 진학 준비를 하라고 성화였다. 이로써 내 잠재의식의 깊은 곳에 고여 있던 시들해진 학구열은 그에 의해서 또다시 불러일으켜졌다.

나는 본시 재물 욕심보다도 지적 탐구욕에 더 애착을 갖는 성향의 여성이다. 그래서 이렇듯 뒤늦게 학문의 길에 들어선 걸까. 아니면 신께서는 이미 내 삶의 한 부분을 '만학도로서의 인생'으로 정해 놓으신 것일까. 아무튼 인간 만사에 다 때가 있는 법이라는데, 이처럼 때늦어 학생 신분이 되었으니…

결국 이 세상에서 추구하는 일들이 공허하고 무의미하며 헛되고 헛된 일이 아니던가. 만일 이처럼 우리의 삶을 부정적으로 이해한다면 저마다 무위도식(無爲徒食)을 가장 편한 삶의 방편으로 보게 되지 않을지. 어찌 되었든지 배움의 고락(樂)을 맛보며 앞으로 나아가야만 하는 나의 대학원 과정은 현재 여름 방학과 함께 그 마지막 한고비를 남겨 두고 있다.

이제 개강과 함께 넘어야 할 가파른 네 번째 고갯길!

그 고개를 넘어서려면 제일 먼저 구월에 있을 졸업 연주회를 잘 치러야 한다. 그리고 바로 이어서 부지런히 졸업논문을 써야 한다. 내가 숨 가쁘게 달려가야 할 막바지 고갯길이 왜 이리 높아만 보이는 걸까.

마찬가지로 나의 큰애도 '고입 연합고사'라는 험한 고개를 백 이십여 일 앞두고 있다. 그 애는 나름대로 그 높은 정상을 향하여 차분하게 한 걸음 한 걸음 나아가고 있다. 오히려 내 딸애는 학생 엄마의 심정을 잘 아는지 수험생이라는 티를 전혀 내지 않고 아주 여유 있고 의젓하게 공부를 잘하고 있다.

분명히 그 애는 정상에 우뚝 서리라 확신한다.

한데 항상 음악 전공자로서의 자기 확신과 성악(聲樂)에 대한 남다른 정열이 턱도 없이 부족한 내겐 졸업 연주가 커다란 과제가 아닐 수 없다. 그러나 한 달 후에는 거침없이 해내야 할 연주이기에 마음의 준비를 단단히 하고 노래 연습에 가일층 박차를 가해야만 한다.

그런데 이처럼 글을 쓴다고 졸업 연주곡목을 멀리하고 있으니, 난 참으로 어리석은 여자인가 보다. 결코 한 사람이 여러 가지를 다 할 수 없는 것인데, 어찌하여 나는 문학과 음악을 함께 품으려 하는 걸까. 그렇다고 내가 문학에 기울이는 관심이 음악에 쏟는 애정을 넘어섬도 아니요, 음악에 대한 애정이 문학에 쏟는 관심을 능가함도 아니다. 나는 언제까지 두 개의 보석을 부여잡고서 게으름만 피우려 하는가. 도무지 나는 이 보석들을 떨쳐버릴 수 없을 것 같은데… 하면 음악과 문학을 대등한 의미로 놓고 더욱 열정으로 다가서야 하리라. 그렇지만 사람에겐 누구나 주업과 부업이 있게 마련이 아닌가. 아무튼 사람은 그 누구나 일생일업(一生一業)에 종사해야 하리라 생각한다. 개개인의 천부적이며 탁월한 재능에 무한한 열정을 품고 총력을 다해야만 성공하리라고 보기 때문이다.

글을 마무리하고 바흐의 칸타타(anatata)와 모차르트의 모테트(motet)와 영어 성가곡을 노래해야겠다. 각 작품에 담긴 작곡가들의 의도를 이해하고 아름다운 마음으로 연주하도록 노력해 보아야겠다.

나의 머리 위에 하나님이 계시고, 나의 배후에는 부모님의 간절한 기도가 있고, 나의 옆에는 사랑의 후원자인 그가 있기에 든든하다. 이제 아무리 어려운 형편과 상황 속에서도 기쁨과 감사와 평화의 노래를 부를 수 있을 것 같다.

나의 눈앞엔 벌써 하얀 함박눈이 펑펑 휘날리고 있는 모교의 졸업식 교정이 떠올려진다.

졸업 유감

드디어 음악 석사 학위증을 받으러 서울에 가는 날이다.

우리 일행 다섯은 열 시 삼십 분에 시작될 대학원 졸업식에 참석하기 위해 차에 올랐다.

오랜만에 서울을 향해 달려가는 나의 마음은 5학기 동안 고달픈 심신을 부추기며 오고 갔던 날들로 감회에 젖어 있었다. 지금까지 음악이라는 학문의 과정을 시작해서 마치기까지 남편의 헌신과 아이들의 응원이 있었기 때문이다. 하지만 그 어려운 고비 고비를 중도하차만은 할 수 없다며 온갖 시련과 마음의 고통을 삭이는 작업은 참으로 버거웠다.

지방 대학 늦깎이 출신으로 대학원의 전공 실기 수업에서 받아야 하는 수모와 뭉개지는 자존심을 끌어안고 그 '석사 학위증'이 뭐 그리 대단한 것인지 나는 마지막까지 인내와 굴종을 배워야 했다.

내 시련의 대상은 나 자신과 교수였다. 그녀는 학부와 대학원을 총망라해서 일주일이면 이십 시간이 훨씬 넘도록 수업이 많은 데다가 대외적으로 늘 바빴다. 애초에 나를 K 교수에게 배당했을 때 내가 거부하고 교수 곁에 그냥 제자로 남은 것이 불행의 원인이 될 줄이야.

물론 주부인 데다가 음악적인 자질이나 열정이 턱없이 모자라는 나를 억지로 떠맡은 그녀는 나와 잘 맞는 사제가 될 수는 없는 터였다. 정작 졸업 연주회는 치렀건만 L 교수는 통과시켜 주질 않았다. 이에 대해서 힘없는 시간강사이신 K 교수나 나는 굴복할 수밖엔 별도리가 없었다. 그러한 처사에 아연실색하며 두 손을 들어 버린 K 교수는 삼일 밤을 괴로워하며 고민한 끝에 나를 칠순이 넘으신 S 교수에게 가도록 용단을 내려 주었다.

난 또다시 의절 없이 S 교수에게 보내져 졸업 연주를 준비해야만 했다. 나의 이러한 마음고생과 고통을 그 누가 대신해 줄 수 있었겠는가. 이처럼 참담하게 나의 자존심은 만신창이가 되어 버렸다.

그렇지만 나는 이렇듯 복잡한 상황 속에서도 포기하지 않고 지치고 서글픈 심신을 애써 가눠가며 몇 날씩 밤을 새워 졸업 논문을 작성했다. 남들은 넉넉히 8학기 동안에 끝내면 되는데 왜 그리 서두르냐고 쉽게 말하곤 했지만 살림을 하며 자녀들을 보살펴야 하는 가정주부 학생의 형편이니 또 달랐다.

그래서 나는 4학기 만에 졸업 연주와 논문을 다 통과시켜

보려고 애써 노래 연습을 했고 밤을 새워가며 컴퓨터 앞에서 피 마르는 씨름을 했다. 하지만 나의 입장만을 모면해 보려고 애초에 두 마리의 토끼를 잡으려고 했던 것이 무리수였다.

어쨌든 육 개월 후에 다시 재연주하라고 하니 나는 기진맥진하여 상할 대로 상한 심신을 부여안고 결국 학부모인 남편에게 '대학원 졸업 포기 선언'을 했다. 그랬건만 첫 번 졸업 연주회에 참석해서 처음부터 끝까지 지켜보았던 남편은 L 교수의 부당함을 그 누구보다 더 잘 알 텐데, 끝내 나의 포기를 거두어 주질 않았다.

"당신이 여기서 물러서면 그 교수에게 지는 거야. 그리고 두고두고 평생 후회할 거야. 내 말 듣고 다시 가서 공부해…"
그는 신학기 등록금을 서둘러 입금하고 나의 등을 떠밀었다. 이처럼 그의 성화로 시작된 나의 대학원 공부는 결국 그의 집념에 의해 오늘의 졸업식장으로 까지 이어진 것이다. 그때 내가 그만두었더라면 오늘의 이 기쁨과 감격은 없었을 것이다.

가족과 함께 들어선 졸업식장에는 홍일점인 여학생 박사 학위자와 석사들과 학사들이 졸업 가운 위에 각 과를 상징하는 다양한 색의 후드를 울긋불긋 두르고 지정석에 앉아 있었다. 나는 음악 석사 지정석에서 분홍색 후드를 어깨에 걸치고 모자엔 분홍 숄을 두르고 앉아, 학기 중에 절망하며 울부짖을 때 S 언니가 읽어보라던 '강한 여자는 수채화처럼 산다'라는 책의 주인공을 떠올려 보며 감회에 젖어 보았다.

시간은 흘러 내게 용기를 북돋아 주며 격려해 주었던 동기생 S 언니, 위로와 기도로 늘 힘이 되어 주곤 했던 J와 아쉽게도 작별해야만 했다. 아직 미처 도착하지 않은 남동생을 찾아 수많은 졸업생과 축하객들로 장사진을 이룬 종합관 앞에 이르렀을 때, 키가 후리후리한 남동생이 같은 학교에 근무하는 C 선생과 함께 나란히 꽃다발을 들고 화들짝 반겨 주는 것이 아닌가.

우리는 아차산에서 불어오는 꽃샘바람과 어우러져 여기저기 자리를 바꿔 가며 사진을 찍었다. 별로 사진 찍는 것을 좋아하지 않던 나도 오늘만큼은 남동생의 손에 들린 사진기가 안겨 주는 즐거움에 행복을 맛보았다. 연신 셔터를 눌러대며 개그맨 못지않게 나를 웃겨 주던 남동생의 기지에 나는 졸업식에 "참 잘 왔구나"라고 생각했다.

내가 서울로 대학원을 정하고 또 졸업의 감격을 맛볼 수 있기까진 남동생 내외가 숙식을 제공해 주는 등 든든한 후원자가 되어 준 덕택이었는데 끝까지 이렇게 누나의 마음을 즐겁게 해 주다니 참으로 고마웠다.

우리 일행은 모든 행사를 마치고 졸업식장을 나서면서 남동생 집에 들러 오붓한 저녁 시간을 갖기로 하고 신길동으로 향했다. 동생 집에 들러 잠시 휴식을 취한 후에 나는 내년에 대학입시를 앞둔 큰 애를 위해서 아이들과 함께 K 대 캠퍼스를 둘러보러 갔다.

집으로 돌아오는 길에 교편생활을 하는 남동생은 큰 애에게 "자신의 큰 꿈을 이루기 위해선 목표물을 바라보고 그 꿈을 성취하기 위해서 노력하는 자세가 중요하단다…"라고 말해 주었다. 그 말을 들은 딸애는 내심 부담스러워하는 눈치였다. 난 딸애에게 "목표를 크게 세우고 공부를 하면 우선으로 최선책을 선택할 수 있고 그에 부족하면 차선책을 택할 수 있으니 미리 포기할 것은 없지 않으냐"라고 넌지시 말을 건네며 용기를 부추겨 주었다.

인천에서 달려온 막내 남동생 내외와 함께 저녁을 먹으며 즐겁게 담소하다가 다시 군산을 향해 밤길을 달리기 시작했다. 나는 피곤을 모르는 듯 흥겹게 운전하고 있는 남편 곁에 앉아 이제 졸업은 했는데 내가 해야 할 새로운 일은 무엇인지를 떠올려 보며 "배우고도 생각이 없으면 위태롭다고 생각하고도 배우지 않으면 남음이 없다"라는 말을 내내 가슴에 새겨보았다. 우리가 집으로 돌아오는 밤길은 그동안 내가 달려 올라간 학문의 길만큼이나 어둡고 험하며 아득했다.

비록 그 거친 길을 왕래하며 학업의 과정을 잘 마치었으나 괴테의 말처럼 "가장 유능한 자가 되기 위해 항상 배우는 자세"로 살 것을 결심해 본다.

내가 졸업한 모교의 명예에 누를 끼치지 아니하고 빛낼 수 있도록, 항상 겸손한 자세로 배우며 실력과 열정을 겸비한 음악가의 삶으로 달려갈 것을 말이다.

백련천마(白鍊天磨)

백번 천번 갈고 닦자

지금 내 곁을 스쳐 지나가는 바람과 바람, 사람과 사람 사이에서 풀빛 환열이 출렁대고 있다.

오늘도 노래 속에서 다시 태어난 나의 인생이 삶의 환희를 향유하고 있다.

나의 온몸은 기쁨과 노래, 나의 온 영혼은 감사와 찬미로 넘쳐흐른다.

만인과 함께 슬픔과 기쁨을 나누기 위해 존재하는 음악 안에서 푸른 젊음을 가꾸며 진리를 터득하는 보람을 그 무엇에 견주리오. 하지만 나의 연약한 어깨에 지워진 무거운 삶의 지게를 어찌하리오.

첫 아이를 갖기 시작하자 싹튼 학업에 대한 열망의 불씨. 그 불씨가 네 아이를 낳을 때까지 활활 타올라 횃불이 되었다. 고마운 남편은 그 횃불에 생명력을 더해 주었다. 나를 세상에서 가장 행복한 여성이 되게 해 준 것이다. 그토록 하고 싶었던 음악 공부를 하게 되었으니 말이다.

92학번으로 맞이한 대학 신입생은 충전된 열심으로 공부했었다. 그러나 한 해가 다르고, 두 해가 다름을 체력의 한계와 정신적 방황으로 감지하게 되었다. 만학도로서, 가정주부로서 그 어려운 성악을 전공해야 하는 고통의 분량만 가증될 뿐이었기 때문이다.

때론 내 어찌 나이 들어 학문의 도장에서 씨름하게 되었는지 후회와 탄식도 했었다.

현악기나 타악기나 관악기의 연주자와 달리 성악 연주자는 몸이 악기이기 때문에 더욱 큰 어려움이 따랐다. 항상 다양한 역할을 가정과 사회와 학교와 교회에서 감당해야 하므로 몸이 피로에 쌓여 있는 것이 큰 문젯거리였다.

충분한 수면과 휴식으로 최상의 컨디션을 유지해 주어야 양질의 소리를 뽑아서 아름다운 선율로 노래할 수 있기 때문이다. 소프라노 파트로서 고음이 제대로 나지 않고 온몸에 힘이 들어서 항상 고민해야 했다. 어떤 날은 연습실의 피아노 앞에 앉아 노래를 부르다가 절망감에 눈시울을 적시며 번뇌하기도 했다.

드골의 말대로 고통은 사람을 키우는 것인가 보다.

나의 노래가 맑고 투명하며 싱그럽고 따뜻한 음악으로 발전되도록 소리와 발성에 대해 늘 생각했다. 그러나 공부에 대한 의욕은 집안일에 의해 그 리듬이 끊겨버리고 항시 연습 시간을 놓쳐버렸다. 따라서 "연습이 최고의 스승이다."라는 말은 내게는 무의미할 뿐이었다.

어떤 이들은 혈기 왕성한 20대를 고스란히 노래에 바쳐서 세계적인 프리마돈나들로 각광을 받고 있다. 그런데 서른이 훨씬 넘고 사십을 바라보는 주부가 성악을 해서 무슨 소용이 있으랴.

나의 불리한 조건들과 이유만을 탓하기엔 한 날이 너무나 짧다. 나는 그래도 정상인으로서 나름대로 편안하게 공부하고 있다. 그런데 지체 부자유자이면서 프로 성악가로 세계 무대에 선 테너 최승원이 있지 않은가?

그는 "비관적으로 생각하면 노래를 계속할 확률은 전혀 없지만, 긍정적으로 생각하면 그래도 반의 확률은 생긴다고 생각하면서 살았다."고 한다. 매사에 긍정적으로 임하는 그의 삶의 자세는 백련천마의 신조로 인해 역경을 딛고 세계 무대에 서게 된 것이다.

백번 천번 갈고 닦는 인간의 정신력은 참으로 놀랄만한 기적을 창출해 내고야 만다.

현재 성악 전공자로서의 장애 요인들을 딛고 이십 대 소녀의 열정으로 '가죽 주머니 속의 송곳'이 되도록 백련천마 하련다.

적어도 이 분야에선 두각을 나타내는 유익한 사람이 될 수 있을테니…….

예술가의 욕구란 끊임없는 자신과의 싸움에서 최후의 순간까지 지혜와 인내로 활로를 여는 것이리라.

음악을 배우는데 일생이 걸리고 노래를 배우는데 일생이 걸린다는 말을 마음판에 새겨 본다. 그리고 미경이의 말처럼 너무 많은 욕심은 갖지 않고 차근차근 하나하나씩 얻어 내어서, 뭔가 하나를 이루어 내는 언니가 되어야겠다.

또한 백련천마의 생활 철학으로 음악의 세계에서 가꾸는 삶의 공간을 라일락꽃 향기로 가득 채워 보아야 하리.

아! 나의 삶을 지탱시켜 주는 노래와 사랑에 사는 나의 인생 여정은 축복의 대로로 향하누나.

내게 가장 귀한 선물을 안겨 준 그를 향하여 풋치니의 오페라 '노래에 살고 사랑에 살고(vissi d'arte vissi d'amore)'를 가장 아름다운 마음으로 노래하리.

음악과 인생

음악(Music)은 원래 그리스어의 무지케(Mousike)에서 온 말로, 예술과 학문의 여신인 무사이(Mousai)에서 유래된 것이다. 음악은 음을 재료로 하여 인간의 사상과 감정을 표현하는 예술이다. 그러므로 음악은 '음'을 바탕으로 하기 때문에 회화나 조각이 공간적 예술인데 반하여 시간적 예술이라고도 한다.

시간적 예술로 표현되며 청각적 예술이라고도 하는 음악! 이 음악은 문학과 함께 나의 삶을 지탱 시켜주는 소중한 두 가지 중 하나이다.

내가 음악을 사랑하며, 음악에 심취하며 생활하게 된 것은 어머니로부터 영향력을 입은 것이다. 어머니의 선천적인 음악성과 음악에 대한 애정은 나로 하여금 음악에 즐거움을 깨우쳐 주시었다. 내가 시골에 살 때 나와 함께 밭일하시던 어머니께서는 이마에 흐르는 땀방울을 닦아 내시며 잠시 휴식의 공간을 마련하실 땐, 먼데 산마루를 응시하시면서 고운목

소리로 노래를 불러 주시곤 하셨다.

"이 노래는 엄마가 결혼식을 올리고 나서, 신랑 신부들 노래 시켰을 때 불렀단다. 즐거운 곳에서는 날 오라 하여도… 오! 사랑 나의 집! … 꽃 피고 새 우는 집 내 집뿐이리…"

무시로 노래를 부르시며 삶을 밝게 사시었던 어머니의 모습이 눈에 선하다 나에게 음악의 맛과 멋을 가르쳐 주신 어머니의 삶의 자취는 나에게 투영되어서, 나로 하여금 음악의 향기에 취하며 살도록 한 것이다.

한 번 뿐인 인생 곧 지나가리라

백년해로의 끈

일전에, 알츠하이머병에 시달리고 있는 "로널드 레이건(91세) 전 미 대통령이 결혼 50주년을 맞아서 로스앤젤레스 벨에어 자택에서 좋아하는 초콜릿 케이크를 앞에 두고 조촐한 금혼식을 치렀다"는 소식을 접했다.

그날 부인 낸시는 "로니(레이건의 애칭)와 내가 오랜 시간을 함께했지만 오십 년이나 된 것 같지 않다. 결혼생활의 비결은 없으며 다만 결혼은 오십 대 오십이 아니라 둘 중 한 사람이 항상 더 많이 주거나 서로 양보해야 하는 것으로, 우리 두 사람도 오십 년간 서로 양보해 왔다"고 말하며 웃었다.

자신이 대통령이었다는 사실조차 기억하지 못하며 구 년째 투병 중인 레이건과 아름다운 금혼식을 올린 낸시 부인, 그녀의 고귀한 사랑의 힘은 어디에서 비롯되는 걸까.

낸시는 매년 결혼기념일이면 레이건이 보내온 특별한 편

지들을 모아 『사랑해요, 로니』라는 책을 발간했을 정도니, 남편의 각별한 사랑을 받은 여인임에 틀림이 없을 것이다.

  내게도 남편으로부터 연애 시절에 받은 편지가 아직도 수십 통 남아 있는데, 과연 낸시처럼 책으로 엮을 수 있을지는 생각해 볼 일이다.

  낸시는 "그 편지들은 로니의 근사한 목소리와 유머, 성격 등 과거를 간직하고 있는 일종의 구명밧줄이라"라고 했다. 나도 그녀의 말에 공감하는 바인데, 지나간 연애 시절의 추억거리들은 대부분 우리 부부 사이에서도 구명 밧줄의 몫을 톡톡히 해 주고 있기 때문이다.

  무심한 세파로 인해 얼굴에 주름은 깊이 패여 가고 애정의 빛깔마저 담담해질지라도 처음 만나 서로를 탐색하던 연애 시절의 추억담과 에피소드는 떠올릴수록 메마른 삶의 윤활유가 되기에 충분하지 않던가.

  나는 주변에서 사이가 원만하고 화목한 잉꼬부부들을 여럿 만나 본 적이 있다. 아무래도 그런 이들 역시 레이건 부부처럼 서로가 '양보의 미덕'을 제일의 덕목으로 삼는 섬김의 비결을 일찍 터득했던 모양이다.

  이와는 달리 남이 보기엔 잉꼬부부처럼 보이는데 겉모습만 그럴듯할 뿐, 행복한 부부로 가장된 불행한 부부들도 많이 보았다.

우리 이웃에도 둘 사이가 원만하지 않아서 늘 화합하지 못하는 불행한 K 씨 부부가 살고 있었다. 언젠가 K 씨 부인은 나에게 남편에 대해서 하소연했다. 그녀 부부는 철부지 학생 시절에 눈이 맞아 일찍 결혼을 하게 되었고 남매를 두었고, 큰딸은 여고에 다니는데 아빠를 닮아서인지

친구들과 밤늦게까지 돌아다니며 학생의 본분을 다하지 않고 문제아로 속을 상하게 하질 않나. 남편은 돈을 번다고는 하나, 생활비 한 푼 보태지 않고, 부업하는 부인에게 손만 벌리며, 도리어 사고만 내고 다니고, 게다가 두 집 살림 등 이루 말로 다할 수 없는 가슴앓이를 하던 그녀는 남편의 행실이 위험 수위를 넘어서 도저히 살 수 없다며 울분을 도했다. 차라리 "남편이 이 세상에서 사라져 주었으면 좋겠다"라는 말을 건네며 고통스러워했다.

이러한 그녀의 말을 전해 듣고서 나는 마음에 큰 충격을 받았다. 겉으로 보았을 땐 그들 부부 사이에 전혀 문제 될 것이 없어 보였는데 전혀 아니었기 때문이다.

그녀의 남편은 좋은 인상에 후덕해 보여서 지극히 성실한 일등 남편감으로 보였었고, 그녀는 참하고 깔끔한 성품에 얼굴도 몸매도 빠질 것이 없는 데다가 능력 있는 멋진 여성이었기 때문이다.

잠시 내 머릿속은 혼란스러웠고 그들 부부의 문제와 갈등이 좀처럼 이해가 안 되었다. 그러나 그들의 상황은 꾸며낸

이야기와도 같은 현실이었다.

  난들 무슨 재주로 그들 부부 사이의 심각한 문제를 해결할 수 있었을까. 별도리가 없어 안타까워 마음이 아플 뿐이었다. 다만 그들 부부가 다시 예전처럼 정상적이고 행복한 삶을 되찾아주기를 바라며 염려만 할 따름이었다.

  그러던 어느 날 몰라보게 수척해진 그녀는 내게 남편과 이혼하고 집을 팔고서 이사를 하게 되었다고 말했다. 그녀의 말을 듣자 가슴이 철렁 내려앉는 듯했다. 그 순간 그녀의 남편을 쏙 빼닮은 붕어빵 아들 녀석의 얼굴과 예쁘게 생겼지만, 철모르는 큰 딸애의 얼굴이 불현듯 떠올랐다.

  그 아이들의 앞날이 까마득해 보였고 한없이 가여운 생각이 들어 마음이 아팠다. 결국 그녀의 남편은 소중한 자식과 아내를 저버리고 다른 여인을 택했으니, 그녀는 아이들과 함께 이 험난한 세상을 어떻게 살아가야 한단 말인가.

  그들 부부는 꼭 그렇게 갈라서야만 했을까. 지금쯤 그녀와 아이들은 어떻게 지내고 있을까.

  날이 가고 해가 갈수록 폭발적으로 늘어만 가는 이혼율!

  이로 인한 결손 가정의 문제와 사회 문제들을 어찌해야 좋을까.

  우리 주위에는 알츠하이머병으로 투병 중인 남편 레이건을 둔 낸시처럼 역경 속에서 어렵게 사는 부부들도 수없이 많을 것이다. 마치 '화성에서 온 여자와 금성에서 온 남자'처럼 기질과 형편이 서로 다른 부부들이니만큼 나름대로 위기나 어려움도 많이 있으리라. 화성에서 온 여자처럼 왕비의 대우만을 받으려 하고, 금성에서 온 남자처럼 왕의 대우만을 받으려고 하니 말이다.

어떤 이는 말하기를 "한 가정을 이룬 남녀의 만남은 하드웨어의 결합에 불과하다. 외모나 환경은 여건이고 하드웨어일 뿐이다. 여건이 좋다고 행복한 것은 아니다.

행복은 하드웨어로부터 오는 것이 아니라 소프트웨어의 수준이다. 사랑과 수용, 배려와 지지는 필히 있어야 하는 콘텐츠이다. 거기에 정감이 있는 대화가 깔릴 때 감동이 있다. 그리고 살며시 손을 잡아 줄 때 짜릿한 행복을 느낀다."라고 했다.

이왕에 인생의 동반자가 되었으니, 부디 로니 부부처럼 어떤 역경 속에서도 백년해로의 그 질긴 인연의 끈을 놓지 말 일이다.

우리에겐 자손 대대 화목한 가정을 대물림하여 건강한 한민족의 정통성과 가화만사성의 이치를 길이 계승해야 할 지고지순한 사명이 있음이 아니런가

한 번 뿐인 인생 곧 지나가리라

어느 날, 나는 신문을 보며 순간을 소중하게 붙들고 싶어서, 그 기사를 아래와 같이 메모해 두었다. 올 한 해도 나는 수많은 사람들의 임종을 지켜보며 삶과 죽음의 진정한 의미를 고민하게 되었고, '웰 다잉(Well-Dying)'에 대해 관심을 두게 되었기 때문이다.

"죽음은 떠나는 사람이나 보내는 사람 모두를 성장하게 해 주는 가장 중요한 사건 중 하나다. 특히 영화 속에서 만나는 떠남과 남겨짐, 화해, 용서, 사랑, 감사, 나눔의 경험은 우리 모두를 성장시켜 준다. 대중에게 친근한 영화 매체를 통해 죽음의 진정한 의미를 살펴보고, 슬픔을 넘어 존엄하고 아름다운 죽음을 준비하는 방법을 제안하는 '웰 다잉' 영화제가 9월 어느 날 성황리에 끝났다. "삶과 죽음을 생각하는 회"가 마련한 행사는 영화를 통한 죽음 준비 교육에 한 걸음 다가서게 했다고 평가된다.

상영된 '원더풀 라이프', '애자' '씨 인사이더', '밀리언 달러 베이비', '내 사랑 내 곁에', '사랑 후에 남겨진 것들', '잠수종과 나비', '허브' 등 8편의 영화는 생명의 순간순간이 얼마나 소중한가를 깨닫게 하는 작품들이다. '잠수종과 나비'는 존엄한 죽음의 방식과 실천에 대한 답을 찾게 한 영화였다. 프랑스 '엘르'의 편집장으로 세상에서 부러운 것이 없던 장 도미니크 보비(매티 유아맬릭)는 어느 날 갑자기 왼쪽 눈을 제외한 어떤 부위도 움직이지 못하는 전신마비 환자가 된다.

폐쇄 증후군이었다. 마치 잠수종(소형 잠수기고) 속에 갇힌 것 같은 절망 속에서 외부와 소통할 방법은 없었다.

그러나 영화는 분노와 좌절 속에서 장애를 수용하고 아름다운 모습으로 마지막 순간을 맞는 주인공의 모습을 보여준다. 장 도미니크 보비는 언어치료사의 아이디어로, 나락으로부터의 탈출을 시도한다. 해당 알파벳에서 눈을 깜박여 단어를 만들어 내는 방식으로 소통의 길을 찾았다. 몸은 비록 캄캄한 물속의 잠수종에 갇혀 있지만, 마음만큼은 나비처럼 자유로웠던 그는 1년 3개월 동안 무려 20만 번 이상 눈을 깜박여 책 '잠수종과 나비'(1977년 3월)을 완성한 후 세상을 떠났다.

우리는 가까운 사람들이 떠나갈 때 슬퍼하고 애도한다. 또 언젠가 우리 자신도 사랑하는 가족의 곁을 떠나게 될 것이다. 영화 상영 후 관객들은 "죽음을 생각하며 살아온 사람과 그렇지 않은 사람의 삶에는 분명히 차이가 있다는 것을 깨달았다"며 "내가 어떻게 죽기를 바라는 것은 내가 어떻게 살기를 바라는 것"과 동일한 문제라는데 의견을 같이했다. 삶의 마지막 순간에 어떤 지혜를 남길 수 있는가를 생각하게 한다. 생명의 매 순간은 소중하다. '웰다잉' 제는 죽음 준비 교육에 한 걸음 다가서게 했다는 평을 받게 했다고 한다."

올여름 어느 날, L 외과 사모님이 돌아가셨다는 소식을 전해 들었다. 그날은 내가 다니는 교회 장로님이 심장마비로 갑자기 타계하셔서 조문 중이었는데 그 소식을 듣고 몹시 놀랐다. K 사모님은 성격도 화끈하시고 리더십이 있고 건강해 보여서 지병으로 고생하신 줄을 전혀 몰랐다. 그분이 그렇게 서둘러서 이 세상을 떠나실 줄이야. 갑자기 눈물이 쏟아졌다. 아직도 살아가야 할 많은 날이 남았고 아내로서 할 일도 많은데, 어찌하여 서둘러 그렇게 먼 길을 떠났을까. 한 번 뿐인 인생이 그렇게 지나가야만 하는가.

아, 삶과 죽음은 동전의 양면과 같이 우리와 함께 동고동락하고 있지 아니한가. 그 언젠가 우리 곁에 찾아 올 '죽음'이라는 선물을 기꺼이 기쁨으로 얼싸안을 수 있는 그러한 '삶'을 어떻게 추구해 나갈 수 있을까. 고대 이집트인들의 관습을 살펴보며 그러한 지혜를 찾아보고 싶다.

고대 이집트에서는 잔치를 베푸는 자리에 미라나 사람의 해골을 갖다 놓는 관습이 있었다고 한다. '그대는 흙이니라. 머지않아 그대는 다시 흙으로 된다'라는 노래와 함께 잔치는 시작된다고 한다.

"고대 이집트의 이러한 관습은 이처럼 가장 기쁜 자리, 가장 축하하는 순간, 기쁨의 절정에 해골, 즉 죽음을 보게 한다. 죽음에 대한 긍정적인 인식을 갖게 하려는 의도일 수도 있지만 죽음을 멀리 두고 두려움과 공포의 대상으로만 놔두지 않고 죽음과의 일상, 끊임없이 각성된 생명, 끊임없는 출발까지 느끼게 해주는 풍습이라고 본다. 우리가 불현듯이 마주하게 되는 죽음 무조건 부정만 하지 말고 긍정적인 자세로 성찰해야 하리라.'

그러나, 분명히 죽음은 '선물'이기도 하지만 '생의 타자'요 '어두운 그림자'이다. 이 세상의 그 어느 누가 그 죽음의 문턱을 찬미하면서 즐겁게 넘어갈 수 있을 것인가?

지금까지 살아온 날 보다 살아갈 날이 더 적은 시점에 서서, 삶과 죽음을 생각하는 이 시간은 분명히 값지고 소중한 시간이리라.

지금도 아내를 먼저 떠나보내고, 감사의 편지를 전해 온 L외과 원장의 아내 사랑에 대해 뜨겁고 진실한 고백이 내 마음을 뭉클하게 만든다. 한 편의 연애편지와도 같은 그 절절한 감사의 편지를 읽고서 "죽음은 상처와 슬픔뿐 아니라 사랑의 모순과 좌절을 함께 보듬고 그것을 긍정하고 받아들임으로써 더 큰 존재론적 성찰의 계기를 마련"하는 것임을 공감하였다.

「멈추면 비로소 보이는 것들」을 읽고서

    저자는 프롤로그에서 '삶의 지혜란 굳이 내가 무언가를 많이 쟁취하는 것이 아니고 편안한 멈춤 속에서 자연스럽게 드러난다는 간단한 진리를 많은 사람에 전하고 싶었다'라고 했습니다.

    그 간절한 마음을 담은 책장을 한 장씩 넘기면서, 나는 급한 숨을 고르며 잠시 생각하는 시간을 갖게 되었습니다. 그가 제언한 대로 "잠깐 멈추고 나를 사랑하는 시간을 가지게" 되었으니 이 얼마나 풍성한 행복이란 말입니까.

    삶을 성찰하게 하는 책을 통해, 세상을 바라보는 안목이 열리고 다양한 간접 경험을 하게 되고, "나 자신의 온전함과 존귀함을 알아차리게" 되었으니 말입니다.

    이 책은 모두 1강부터 8강으로 이루어져 있는데, 휴식, 관계, 미래, 인생, 사랑, 수행, 열정, 종교에 대해 운문의 형식으로 되어 있습니다.

'힘들면 한숨 쉬었다 가요'라는 부분을 읽으면서, '힘들어하는 나를 좀 더 사랑할 수 있고 또 용서할 수 있어야' 한다는 글귀에 공감했습니다. 사람은 모두 불완전한 존재이므로, 때론 실수한다 해도 너무 자학하지 말아야 함을 깨달았습니다. 그래서인지 다시금 나 자신을 돌아보며, 그의 글을 되새김질해 보게 되었습니다.

"힘든 일이 있었나요? 슬픈 일이 있었나요? 그 일로 인해 삶이라는 학교는 분명 나에게 어떤 큰 가르침을 주려 했을 것입니다. 그것이 무엇인지는 절대로 서둘지 말고, 천천히 살펴봐야 해요."

그리고 저자는 계속해서 이렇게 권합니다.

"내 마음이 쉬면 세상도 쉬고, 내 마음이 행복하면 세상도 행복합니다. 마음 따로 세상 따로 존재하는 것이 아니에요. 세상 탓하기 전에 내 마음의 렌즈를 먼저 아름답게 닦읍시다."

그렇다면, 어두워진 마음의 렌즈를 어떻게 닦아야, 넉넉하고 투명한 삶을 누릴 수 있을까요? 이러한 질문에, 그는 행복한 삶의 지름길을 이렇게 가르쳐 줍니다.

"나와 남을 비교하는 일을 멈추고, 밖에서 찾으려 하지 말고 마음 안에서 찾고, 지금, 이 순간 세상의 아름다움을 찾아서 느끼라."

그렇습니다. 모든 비극이 남과의 비교에서 시작되는 것이지요. 그러기에 비록 내가 지닌 것이 보잘것없을지라도, 그 것을 가장 크게 보고, 묵묵히 소중한 현재를 붙잡고, 거기에서 최고의 아름다움을 느낄 때 행복은 깃들겠지요.

계속해서 저자는, 행복의 근간을 이루는 '좋은 관계'를 위해서 진정으로 노력해야 할 것을 부탁합니다. 상대의 가치를 알아주고 애정 어린 관심으로 응원해 주는, 그런 사람이라는 사실만으로도 커다란 삶의 행복과 용기를 주게 되기 때문인가 봅니다. 그래서인지 그는 사람의 삶을 변화시키는 것은, 옳은 말보다는 그 사람을 향한 사랑과 관심이라고 말합니다.

또한 그는 사랑을 이렇게 정의합니다.

"사랑, 내 의지와는 상관없이 어느 날 문득 손님처럼 찾아오는 생의 귀중한 선물이다. 사랑은 같이 있어 주는 것, 언제나 따뜻한 마음으로 이야기를 들을 준비가 되어 있는 것, 그를 믿어주는 것, 사랑하는 그 이유 말고 다른 이유가 없는 것, 아무리 주어도 아깝지 않은 것, 그를 지켜봐 주는 것."

그는 '사람과의 인연'에 대해서 이렇게 말합니다.

"인연은, 본인이 좋아서 노력하는데도, 자꾸 힘들다고 느껴지면 인연이 아닌 때도 있다. 될 인연은 그렇게 힘들게 몸부림치지 않아도 이루어진다. 자신을 너무 힘들게 하는 인연이라면 그냥 놓아두세요."

그는 '배려'에 대해서 이렇게 말하고 있습니다.

"사랑을 하면 배려를 하게 되는데, 배려는 남을 위해 무언가를 해주는 것도 중요하지만, 하지 않아야 할 것을 하지 않고 참는 것도 매우 중요하다. 사랑은 상대를 위해 무언가를 많이 해 주는 것도 중요하지만 어쩌면, 같이 있어 주는 것이 더 깊은 사랑의 표현일 때도 많다."

우리는 살아가면서 많은 사람을 만나게 되고 많은 사건을 만나게 됩니다. 우리가 사는 세상의 모든 것이 얼마나 바쁜 걸음으로 움직이고 있습니까?

저마다 눈코 뜰 새 없어서 그런지, 상대에 대한 배려보다 자신의 눈앞에 놓인 이익과 상황에 더 급급해하게 되는 것을 보게 됩니다. 이렇게 '배려'라는 단어를 생각해 보니, 문득 이런 이야기가 떠오릅니다.

앞도 못 보는 사람이 밤에 물동이를 머리에 이고 한 손에는 등불을 들고 가는 것이에요.

그와 마주친 사람이 물었어요.

'앞도 못 보면서 왜 힘들게 등불을 들고 다니느냐? 고요'

그런데 맹인이 이렇게 말하는 것이에요.

'당신이 나와 부딪히지 않게 하려고요. 이 등불은 나를 위한 것이 아니라 당신을 위한 것입니다.'

이 맹인처럼 상대방을 위해 등불을 밝혀 들 수 있는 배려심을 갖고, 평생을 살 수 있다면 좋겠습니다.

저자는 자신이 주체가 되는 삶을 위하여 어떻게 해야 할 것인지에 대해 이렇게 말해 줍니다. "내가 무엇에 관심이 있는지 잘 모르겠다는 사람들이 있는데 그것은 아마도 내 자신이 주체가 되는 삶을 살지 못하고 다른 사람이 원하는 것을 들어주는 삶을 살아서입니다. 남을 만족시키는 삶이 아닌, 나를 만족하게 하는 인생을 사세요… 누구처럼 되기 위해 살지 않고 하나밖에 없는 오직 내가 되기 위해서, 내 주관을 세우고 스스로 독창적인 트렌드 센터가 되도록 기존의 패러다임을 내가 뒤집고 주도적인 삶을 사세요.

정해진 틀 안에서 남들과 경쟁하는 법만 배웠으니, 이제는 삶을 즐기는 법, 다른 사람을 진심으로 존중하는 법, 스스로 생각하는 법, 재능들을 키워 나가는 내가 되어지도록 소신있게 밀고 나가는 사람이 되세요. 스스로 선택한 일에 주저함이 없이 무소의 뿔처럼 뒤도 돌아보지 않고 그 길을 갈수 있도록."

이러한 저자의 조언에 적극 동의하는 바입니다.

한 번 뿐인 인생길에서, 누구처럼 되기 위해서가 아니라 오직 하나밖에 없는 주체적이고 독창적이며 주도적인 나의 삶, 나의 노래, 나만의 고유한 목소리를 내며 나아가야 하겠습니다. 진정 나만의 고유한 아름다움과 삶의 열정과 진지함을 품고, 그렇게 주어진 내 인생의 레이스를 완주해 내도록 하겠습니다. 그리고 그가 일러준 대로, 아침에 일어나면, 나 스스로에게 이렇게 속삭이고 싶습니다.

"나는 오늘 남이 시키는 일만 하는 수동적인 하루를 보내지 않겠다. 내 스스로 주도해서 이끄는 내 삶을 살겠다."

왜냐하면 그 누구도 내 삶을 대신 살아줄 수는 없기 때문입니다. 나의 삶, 내가 진짜 원하는 삶을 위해, 내가 좋아하고 의미 있는 일을 찾아서 자신감을 갖고 주도적으로 살고 싶습니다. 내 삶의 주인은 바로 나이기 때문입니다. 지금까지 내 삶 대부분의 시간을 '남의 뜻'에 이끌려 살아왔던 것 같습니다. 이제부터라도 '내 뜻'에 이끌려 살고 싶습니다. 얼마 전 남편에게 배신을 당한 친구 C가 내게 이런 말을 했습니다.

"난 앞으로 선택당하지 않고, 내가 선택할 거야"라고 말입니다.

그 친구는 지금부터라도 행복한 삶을 살고 싶은 모양입니다. 자신이 무엇을 진정으로 원하고, 또 무엇을 해야 의미가 있는지를 스스로 찾으며, 주도적으로 선택하면서 자기 뜻대로 살고 싶은가 봅니다. 그렇게 자기 삶의 방향타를 스스로 잡고 가려는 친구의 결단이 의연해 보였습니다.

그러면 사람의 진정한 가치는 무엇이라고 할 수 있을까요? 이러한 질문에 저자는 이렇게 대답합니다.

"내 가치는 내가 가지고 있는 돈이나 학력이 아닌, 내가 인생을 살아가면서 얼마나 사람들에게 베풀며 살았는가로 측정되어야 한다. 그렇게 자신의 가치를 만들어 가십시오."

그렇습니다. 나보다 어려운 이들을 모른척하지 않고, 그들의 빈손에 필요를 채워주며, 따뜻한 환대와 선행으로 섬기고 베푸는 데에 삶의 목적을 둘 수 있다면 좋겠습니다. 이것이 가장 가치롭고 의미 있는 삶의 모습일 테니까 말입니다. 어쩌면 이러한 삶이 가장 행복한 삶인지도 모르겠습니다.

이렇게 베풀며 살므로 인해 내가 세상을 행복하게 만들 수 있기 때문입니다. 저자는 다시 행복하게 살기를 소망하는 이들에게 이렇게 요청합니다.

"내가 정말로 하고 싶은 것, 다른 사람에게 크게 피해를 주는 일이 아니라면, 남 눈치 그만 보고, 내가 정말로 하고 싶은 것 하고 사십시오. 생각만 너무 하지 말고 그냥 해버리십시오. 우리 인생, 너무 어렵게 살지 맙시다. 행복해지고 싶다면 다른 사람이 나에 대해 어떻게 생각하는지 걱정할 시간에 나 자신이 진정하고 싶은 것을 하십시오.

인생은 정해진 멜로디가 없는 즉흥 재즈 음악과도 같습니다. 삶 속의 모든 변수를 내가 조정할 수 없고 그때그때 주어진 상황 속에서 나의 스타일을 찾아내 음악을 만들며 살아야 하기 때문이다. 끊임없이 배우고 경청하는 사람, 어디를 가도 손님이 아닌 주인이 되세요. 이 세상 최고의 명품 옷은 바로 자신감을 입는 것이다."

이처럼 우리네 삶에서 꼭 필요한 여러 가지 덕목들을 살펴보며, 남과 비교하지 않고, 내가 먼저 배려하고, 내가 먼저 베풀려면 어떻게 해야 할지를 생각해 보게 되었습니다.

그래서 얻은 결론은, 모두 모두가 행복할 수 있도록, 내가 할 수 있는 가장 적은 일부터, 내가 먼저 솔선수범하고, 성실과 겸손과 자족을 배우면서, 당당하고 신나고 멋지게 져주며 살아야겠다는 것입니다.

그리고, 매사에 급하게 서두르지 말 것이며, 아무리 바빠도 멈추어 서면 비로소 어둠 속에서도 반짝이는 별빛을 볼 수 있게 되고, 번개 같은 지혜를 깨달을 수 있다는 것을 알았습니다.

눈먼 새의 노래

지금은 아스라이 멀어져 가버린 꿈 많던 여고 시절에, 『어둠을 밝히는 한 쌍의 촛불』이란 책을 읽은 적이 있습니다. 그로부터 수많은 시간의 강을 넘고 넘어 이젠 고덕산 터전 삼아 자리 잡은 지성·인성·영성의 전당 한 일에 이르렀습니다.

그런데 올가을 어느 날 오전 채플 시간엔 그 책의 저자를 직접 바라보며 생생하게 그의 말씀을 듣게 되었습니다.

현재 그는 모든 어려움을 딛고 우뚝 미국 백악관 장애위원회 정책 차관보의 직임을 맡고 있는 인간 승리자로 소개됐습니다. 그가 불치의 시각장애와 불행한 삶의 좌절을 딛고 일어선 눈물 어린 이야기들을 시작했습니다. 우리 신학생들을 향하여 강영우 박사는 '인생의 선명한 비전과 분명한 목표를 갖으라'고 권면했습니다.

오전 채플 시간엔 신선한 감동의 물결이 출렁거렸습니다.

그날 채플을 마치고 들국화가 피어 있는 신리 들길을 거닐 때에 경화 씨는 내게 이렇게 말했습니다.

"언니, 오늘 그처럼 겸허한 모국어를 들려주신 강 박사님의 말씀에 참 감동했어요. 그분의 강연을 들으니 김현승 시인의 '가을의 향기'란 시가 떠오르네요."

"제가 그 시를 한 번 낭송해 볼까요…"

가을의 향기
서쪽에선 노을이 타는 내음
남쪽에선 능금이 익는 냄새
산위엔 마른 풀의 향기
들가엔 장미들이 시드는 향기
당신에겐 떠나는 향기
내게는 눈물과 같은 술의 향기
모든 육체는 가고 말아도
풍성한 향기의 이름으로 남는
상하고 아름다운 것들이여!
높고 깊은 하늘과 같은 것들이여

나는 그녀에게 겸허한 모국어를 떠올리게 한 강 박사의 간증을, 그녀가 낭송해 준 김현승 시인의 시와 함께 내 기억의 곳간에 또렷하게 새겨 두고 싶어졌습니다.

강 박사는 당당한 자세로 단상에 올라서서 "육안으로 여러분의 모습을 못 봐도, 상상의 비전으로 여러분의 모습을 본다."라고 첫 말문을 열었습니다. 이어서 그는 힘난한 인생 여정의 파노라마를 거침없이 펼쳐 내었습니다.

저는 13세 되던 해에 부친이 사망했고, 축구공에 눈을 맞아 외상에 의한 망막 박리로 시력을 잃고 실명 선고를 받았습니다. 그러던 어느 날 "어머니, 제가 장님이 된데요"라는 말을 들은 제 어머니는 여덟 시간 만에 뇌졸중으로 쓰러지시더니 사망하셨습니다.

이로써 저의 누나가 소녀 가장이 되어 평화시장 봉제공장 직공으로 생계유지했습니다. 그래서 아홉 살 된 여동생은 고아원으로, 열세 살 된 남동생은 남의 집 철물점으로 보내졌고, 저는 맹인 재활원에 가게 되었습니다. 그곳에서 저는 점자를 배웠고 이듬해엔 서울 맹인학교에 입학했습니다. 당시 명절이나 방학이 되면 기숙사에서 나와 갈 곳이 없어 아주 힘들었습니다.

그래서 저는 세 가지 꿈을 갖게 되었습니다. 첫째 꿈은 시각장애인이지만 대학과 유학을 가는 꿈을 가졌습니다. 어떻게든 점쟁이나 안마사가 되고 싶지 않았기 때문입니다.

저는 열여덟에 중학교를 졸업했고 24세에 대학에 입학했습니다. 제가 연대에 입학하게 된 것은 NCC 총무 김관석 목사의 도움을 받았기 때문입니다. 저는 그 후 자랑스러운 '연세인 상'을 수상하게 됩니다. 결국 돈 200달러에 가방 두 개를 들고 도미하여 장학금을 받으며 공부했습니다.

그리하여 시각장애인 박사 1호의 꿈을 성취했습니다.

두 번째 꿈은 행복한 가정을 이루어 자녀를 성공적으로 양육하는 꿈이었습니다. 저는 방학하면 갈 곳이 없어, "주여, 내게도 배고픔을 면할 수 있는 부를 주세요."라고 기도했습니다.

그래서인지 저는 1972년 연대를 졸업하고 5일 만에 결혼했고, 신혼부부의 몸으로 유학을 떠났습니다. 피츠버그대에서 공부하며 아들 둘을 낳았습니다. 큰아들의 이름은 Paul(진석)이라 지었는데, 성경의 사도 Paul은 저의 역할 모델로서 거듭나는 신앙에 이르게 해 주었습니다. 큰아들 진석은 사도 바울처럼 진리의 초석이 되라고 지은 것입니다.

그리고 둘째 아들은 크리스토퍼(진영)라 지었는데, '그리스도의 고난 인내'란 뜻과 '그리스도를 가슴에 품고 사는' 이란 뜻이 있습니다. 그래서 진영이는 "이것은 영원한 진리다"라는 의미를 내포하고 있습니다.

여러분, 인내하고 기다리면 더 좋은 문을 열어 주십니다.

저는 아들들은 어떻게 하면 성공적으로 양육할 수 있을까?

고민하며 기도했습니다. 그랬더니 하나님께서 비전을 보여 주셨습니다. 저는 필립스아카데미 고등학교의 건학 이념

"Not for self"(나 자신을 위한 것이 아닌) 대로 이들을 교육하기로 했습니다. 즉 하나님의 영광과 또한 사회와 국가와 세계(남 주기 위해서)를 위해서 공부해야 한다고 가르쳤습니다.

따라서 교육은 하나님의 영광, 하나님 나라를 확장키 위한 도구로 쓰기 위해서 내가 가진 가장 좋은 것을 주기 위해서 하는 것입니다.

여러분, 일전에 미국 민주당의 토마스 라이언 선생은 저에게 "강 박사, 당신은 아메리칸 드림을 이루어냈습니다. 두 아들과 함께 당대 명문을 이루어 우릴 부럽게 하고 있습니다." 저의 큰아들 진석은 조지타운 의대 교수로 있는데, 1년에 1명에게 주는 '라이징 스타('떠오르는 별'이라 칭함) 상'을 수상했습니다.

둘째 아들은 변호사로서 현재 민주당 진행 국장으로 있습니다. 하나님께서는 행복한 가정을 이루기 위한 저의 비전을 이루어 주셨습니다. 당시 고아원에 보내졌던 여동생은 서울 신대 도서관 사서로 있고 남편은 박사요, 큰 딸은 약학박사로 아들은 전자공학 엔지니어로 있습니다. 남의 집 철물점에 보내졌던 남동생은 16세에 해병대에 입대하여 월남전 청년부대로 참전 후, 야간고등학교를 마치고 미국에서 세탁소를 운영하고 있습니다. 큰며느리는 산부인과 의사요, 의학박사이며, 작은 며느리는 법학을 전공한 변호사로서 조지타운 대학 교수로 재직하고 있습니다.

그리고 세 딸 중 큰 딸은 공인회계사로, 둘째는 치과의 박사로, 셋째는 컴퓨터 프로그래머로 박사학위를 취득했습니다.

저희 가정은 깨어진 가정이었지만 열한 명 중 여덟 명의 박사가 있습니다.

저는 지나간 학창 시절에 "나에겐 자장면을 사 줄 사람이 없구나…"라며 학교 뒷동산에 올라가 조금 남은 시력으로 한 사코 별을 보며 탄식했습니다. 얼마 후엔 마저 잃어버릴 시력을 생각하며 절망과 고독에 몸부림치며 절규했습니다.

하지만 저는 꿈꾸었습니다. 그랬더니 하나님께서 비전을 주시고 꿈을 이루는 방법과 길을 열어 주셨습니다.

지금은 내가 하나님의 영광을 가리고 있지만 첫 번째 꿈과 두 번째 꿈을 이루면 하나님께 영광을 돌릴 수 있으리라고 생각했습니다.

그렇지만 저에겐 이미 땅으로 떨어져 버린 꿈이었습니다.

그러나 저는 오직 하나님께 영광을 돌리고 싶어 꿈꾸었습니다. 모든 것을 잃고 문자 생활까지 불가능한 상황이기에 저자(작가)가 되는 것을 상상도 못했습니다. 그러나 하나님께 영광을 돌리기 위한 목적을 가졌습니다.

그리고 "빛을 내 가슴에"라는 간증집을 내었습니다. 저의 이 간증집을 읽은 부시 대통령의 아버지 부시는 저의 책을 "언어와 문화를 초월한 인간의 고귀한 가치가 있는 책"이라며 이렇게 평했습니다.

"이 책은 끝까지 하나님을 의지하고 미래의 꿈과 비전을 위해 노력하고 투쟁한 신앙인의 책이다. 인간으로서 불굴의 의지가 엿보이는 책이다.
결대 포기하지 않는 끈기가 들어있으며, 무엇보다도 주위에 긍휼히 여기고 도와주는 자들의 이야기가 들어 있다."

저는 미국 수정교회 "능력의 시간" 중 출연하여 간증했습니다. 현재 저는 국제적 명성을 지닌 저술가요 연설가로서 일하고 있으며 저의 책은 100만 권 이상 팔렸습니다.

1995년 유엔 국제 장애인의 날엔 저의 이야기가 "눈먼 새의 노래"라는 드라마로 상영이 되었습니다.

그 후 1997년 워싱턴기념관 제막식 전야제 때에 또다시 방영되었습니다. 이를 계기로 세계 도처에서 간증과 강연을 하게 되었고 세계적인 명성을 얻게 되었습니다.

오늘 저는 여러분의 도서관에 제가 쓴 책 중에서 『지혜가 이끄는 삶』, 『성공적인 삶을 살기 위한 일곱 가지』, 『나의 연약함은 하나님의 능력이시다』라는 책을 기증했습니다.

그런데 『나의 연약함은 하나님의 능력이시다』라는 책의 서문에서 제임스데인 총장은 이렇게 말했습니다.

"그는 '내게 능력 주시는 자 안에서 내가 모든 것을 할 수 있다(빌립보서 4장 13절)'라는 말씀을 실천한 현대판 사도바울이다. 그의 불치병을 낳게 해달라고 세 번 간구했으나 은혜로 헤아려 감사한 사람입니다. 그래서 하나님의 능력이 약함 속에서 온전해진다는 진리를 현대인에게 생생하게 보여준 증인입니다. 윈스턴 처칠의 "절대 포기하지마라"라는 이 말을 현실로 받아들여 실천한 자입니다. 하나님께서 그 놀라운 꿈을 이루게 한 현대판 증인입니다.

지금 저의 책은 미국에서 이달의 선정 도서로 전국 도서관에 배포되어 있습니다.

"여러분, 인생에서 승리하는 비전과 꿈이 하나님의 시각과 방법으로써 모두 성공하고 승리하시길 바랍니다."라며 강 박사는 그의 강연을 마무리했습니다.

이렇듯 불굴의 신앙과 의지와 비전으로 인간 승리를 일구어낸 '위대한 눈먼 새' 강 박사의 노래를 나는 늘 마음의 곳간에 간직하며 삶의 교훈으로 삼으렵니다. 그런 까닭에 강영우 박사 초청 채플 시간 내내, 나는 두 귀를 쫑긋 세우고 그의 연설에 집중했습니다. 이렇게 건강한 모습으로 나는 지금까지 무엇을 하며 어떻게 살아왔는지를 반추해 보면서 말입니다. 우리 주변에는 강 박사와 같이 장애를 입고 고통스러운 삶의 자리에서 오열하면서도 투철한 신앙심과 정신력으로써 인간 승리의 신기록을 세워 나가는 이들이 있습니다.

그래서인지 문득 삼중고의 고통 속에서도 『내가 만일 사흘 동안 볼 수 있다면』이란 수필을 썼던 헬렌 켈러를 떠올려 보게 됩니다.

그녀는 소박하게도 설리반 선생님의 얼굴, 우유배달 아저씨와 해맑은 아이들의 눈동자와 석양을 보길 원했습니다.

또한 화려한 문명을 보기 위해선 시간이 짧을 테니 박물관을 찾아보고, 현란한 색으로 그린 그림을 보기 위해서 미술관을 찾길 원했습니다. 그리고 아침엔 먼동 트는 것을 보고 웅장한 창조 세계 속의 자연과 햇살에 반짝이는 꽃들을 다시는 잊지 않도록 그녀의 가슴에 새기길 원했습니다.

삼일이 되었을 땐 그녀가 보지 못한 것들이 많은 것과 사흘 동안 보게 해 주신 하나님께 감사하며 눈을 감겠다고 했습니다. 그러면서 시각장애인이 된다면 지금까지 보던 방식이 아닌 다른 방식으로 보게 될 것이라고 했습니다.

헬렌 켈러가 말했던 것처럼, 지금까지 보던 방식이 아닌 상상의 비전으로 그의 인생과 미래를 바라본 강영우 박사! 나는 강 박사의 메시지와 헬렌 켈러의 삶의 자취를 통해서, 내게 이미 건강한 몸이 있으니, 모든 것을 가진 것임을 깨닫게 되었습니다.

이처럼 아름답고 풍성한 가을날, 교정에 떨어져 뒹구는 샛노란 은행잎을 뜨거운 눈길로 응시해 봅니다.

그리고 나의 인생길을 가는 동안 상상의 비전과 실존적인 열정의 두 날개로 힘차게 비상할 것을 결심합니다.

"Brother Sun Sister Moon"

- 시간 : 2시간 1분
- 촬영 : 프란코 제피렐리
- 출연 : 그레이엄 포크너, 주디부커, 알렉 거인즈
- 작사, 곡, 노래 : 도너번
- 편곡, 지위 : 켄쏜

 이 영화는 부호의 아들로 태어나 세속의 고난을 짊어진 빈민들의 아버지 '성 프란체스코'의 일대기를 그린 것으로 제46회 아카데미상을 수상했다.
 이 작품에서 〈로미오와 줄리엣〉, 〈챔프〉의 명장 프란코 제피렐리 감독의 신학적 해석과 〈I like you〉의 세계적 팝가수 도너번의 음악이 어우러진 감동의 서사시를 만끽하게 된다.
 이 영화는 오토대제가 신성로마제국 황제로 등극할 무렵의 이탈리아의 아시시를 배경으로 한다. 어느 을씨년스러운 새벽, 이 마을 광장에는 초주검이 된 한 청년이 도착한다. 그는 마을의 거부 베르나르도네의 아들 프란시스코로 전쟁터에 출정했다가 그 참혹함에 충격을 받고 목숨만 부지한 채 명예롭지 못한 귀향을 하게 된 것이다.

예전의 그는 또래 청년들과 어울려 젊은이 특유의 치기 어린 행각을 일삼던 유복한 가정의 철부지였으나 귀향 후에는 부모의 극진한 간호에도 불구하고 끊임없는 악몽에 시달리며 기괴한 행동을 일삼는다. 종달새를 쫓아 지붕 위를 거닐며 새처럼 춤을 추고, 들판을 헤매며 부드럽게 노래한다.

"새들이 낮게 노래하네. 이 자라나는 나무 위에서 부드러운 산들바람. 이 아름다운 날에. 난 초원을 거닐며 나비처럼 떠도네. 꽃들은 얼마나 내 눈을 기쁘게 하는지 이 아름다운 날에. 당신께도 이런 평화가 함께 하기를…
난 모두의 평안을 비네. 이 아름다운 날에. 라 라라 라…
이 아름다운 날에. 난 모두의 평안을 비네. 이 아름다운 날에."

이 노래를 부르며 그는 멀리 폐허가 되어 버린 산 다미아노 성당을 잠시 지그시 바라본다. 그러나 아무도 그의 심중에 꿈틀거리는 "거룩한 사랑"을 읽어내지 못한다.

결국 그는 공장 노동자들의 궁핍한 생활을 동정하여 아버지가 전쟁 통에 뼈아프게 벌어들인 각종 진귀한 물건(순금, 전쟁군수품, 전리품, 세습 재산들) 중 일부를 나누어준다. 이러한 모습을 목격하고 대로한 베르나르도네는 아시시의 대주교 앞에 끌고 가서 심판을 요청한다.

바로 온 마을 사람들이 모여든 그 광장에서 프란체스코는 아버지로부터 받은 옷을 벗어 던지고 새로운 영혼으로 재탄생할 것을 외치며, 교황이 벗어준 겉옷마저 가난한 이에게 입힌다. 그리고 그는 "우리 주님을 위해 부모와 자식을 버린 자는 그날에 일백 배로 받을지어다…"라고 말한다.

또 그는 "육체에서 태어난 것은 육체요, 영에서 태어난 것은 정신이지요. 난 이제 다시 태어났어요. (I am now. I am born again.) 햇빛 형제가 제 영혼을 밝혀 줬지요. 전 창공의 새들의 자유와 순수를 원해요. 삶의 목적이 사랑 없는 싸움은 아니잖아요. 더 좋은 게 분명히 있어요. 정신, 영혼. 전 제 영혼을 되찾고 싶은 것입니다. 아무런 소유도 없이요. 발아래의 대지를 느껴 보고 싶어요. 거지가 되겠어요. 그래요. 거지 주님도 거지셨고 열두 제자도 거지였어요. 그분들처럼 자유로워지고 싶어요."라던 말이 나의 마음을 뜨겁게 해 주었다.

프란체스코가 성당에서 미사드리던 어느 날, 성당 안의 맨 뒷자리에서 함께 미사드리던 가난하고 헐벗은 이들에게서 눈을 떼지 못하며 가슴이 아파한다. 그들을 향한 주체할 수 없는 고민으로 폭발할 것만 같은 가슴을 부여안고 'No!'하며 울부짖는다.

그 후 그는 헐벗고 굶주린 사람들과 기거하며 폐허가 된 산디미아노 성당을 재건 한다.

처음엔 그를 미치광이로 보았던 친구들도 그와 합류하여

함께 추운 겨울에도 프란체스코처럼 맨발로 다니며 성벽을 쌓는 일을 함께한다. 그러던 어느 날, 산 미디아노 성당에 불이 난 것과 사랑하는 친구가 대항하다가 죽은 것을 보고 분개한다. 그들의 삶을 지키기 위해서 로마로 달려가서 친구 파울로의 도움을 받아서 교황을 대면 한다.

교황 앞에서 프란체스코는 예수님이 하신 말씀들을 설파한다. 이윽고 프란체스코는 "신성모독"이라며 흥분하던 고관들의 명령에 따라 경비대의 손에 끌려 나가게 된다. 갑자기 잠잠하던 교황은 갑자기 반지를 낀 오른손을 하늘 높이 치켜들더니, 휘둥그런 눈으로 망연자실한다. 교황은 경비대가 끌고 나간 프란체스코를 당장 데려오라고 한다.

프란체스코와 뜻을 같이하게 된 파울로와 그 일행들 앞에 선 프란체스코에게 교황은 "그대가 바라는 것이 뭐요?"라고 묻는다.

프란체스코는 "고향 들판의 그 겸허하고 온유한 피조물인 종달새처럼 물 한 모금과 야생 열매에도 족하면서 훨훨 하늘로 치솟는 것을 즐거워하듯이, 작은 것에 족하고 행복하게 주님을 찬미하고 감사하면서 살고 싶다"라고 대답한다. 교황은 다시 그에게 "당신은 이미 주님을 사랑하는 법을 배웠소. 그런데 뭐가 부족하오."라고 묻는다. 프란체스코는 "주님의 가르침대로 사는 것이 가능할까요. 우리의 오류를 지적해 주십시오."라고 응수한다. 이 대목에서 교황은 "오류는 용서받는다… 그런데 당신만은 안 그렇소. 그대는 내게 큰 기쁨을 주었소. 약간의 슬픔도, 시간이 갈수록 열정은 사라지고 직분에 메이다 보니 이렇게 되었소. 우리는 부와 권력으로 둘러싸여 있지만 당신은 그 가난으로 우리를 부끄럽게 만들고 있소…"

이 말을 마치고서 갑자기 교황은 프란체스코에게 "당신의 손에, 당신의 발에"라고 말하며 울먹이면서 그의 발 앞에 납작 엎드려서 입을 맞춘다. 그리고 일어나서 "프란체스코, 주님의 이름으로 가서 세상에 진리를 가르치시오. 당신의 무리가 수천 배로 생육하게 하십시오. 종려나무처럼. 주님이 함께하실 겁니다."라고 선언한다.

이로써 평화의 사도인 프란체스코는 빈민들의 아버지로서의 삶으로 거침없이 나가게 된다.

이전 대부분의 성 프란시스코에 관한 영화들은 그의 신적인 회심과 체험들, 그리고 그의 성스러운 활동들을 중심으로 다루었다. 아버지와의 싸움, 클라라와의 애틋한 사랑의 표현을 통해 인간적인 갈등의 모습이 표현되기는 했지만 대부분 성자의 모습에 카메라가 집중되었다. 그런데 이 '현대판' 영화는 성자의 모습이 아닌 인간적인 고뇌에 찬 인간으로서의 성 프란시스코에 집중하고 있다. 실제로 이 영화는 성인이 된 프란체스코보다 성인이 되어 가는 '과정'에서 겪는 고뇌에 찬 인간적인 성 프란체스코를 그리고 있다.

"햇빛 형제님 달빛 자매님, 이젠 당신들의 화음을 듣기 어렵군요. 저마다 이기적인 불행에 젖어 있는 탓이겠죠. 바람 형제님 하늘 자매님, 맑고 밝은 곳으로 눈을 뜨게 해 줘요. 우리 곁의 영광을 볼 수 있게 해 주세요.

나는 주님이 만드신 주님의 일부이기에 그분의 사랑이 이 가슴에 깨어납니다. 햇빛 형제님 달빛 자매님, 이제는 당신들도 보이고 그 화음도 느껴져요. 내가 찾는 모두의 사랑이 그만큼 큰 탓이겠죠."

지금도 내 귓전에 맴도는 도너번의 선율과 이 가사를 오래 잊지 못할 것 같다. 나도 프란체스코처럼 모두의 평안을 빌며, 평화의 도구가 되고 싶다.

십계 7

도둑질을 하지 말라

- 시간 : 55분
- 촬영 : 다리우즈 쿠치
- 출연 : 안나 폴로니(에와)마야 바렐콥스카(마이카)블라디슬랍 코왈스키(스테판)보고슬랍 린다(워이텍)

1970년대 폴란드 누벨바그를 주도했던 그는 평생 영화를 통해 인간 존재에 대한 성찰과 해부를 시도했던 감독으로 알려져 있다. 올해로 세상을 떠난 지 10주년이 되는 키에슬로프스키 회고전이 "서거 10주기 기념전"으로 국내에서도 열린 바 있어 인상적이었다.

이 연작 영화는 러시아의 거장 안드레이 타르코프스키를 잇는 영화 예술가로 불리는 키에슬로프스키에 의해 만들어졌다. 그는 당시에 자신의 환경 속에서 기본 가치들에 대한 물음의 현실성을 피부로 느끼면서, 삶의 의미를 추구하려 했다. 이로써 영화 속에 십계명을 직접 옮겨 놓으려는 것이 아니라 우리 시대에 일상의 행동에서, 갈등에 찬 결단의 상황들 속에서 윤리 규범들이 자리 잡는 가치에 대한 물음을 주제화해 나가려 한 것이다.

그는 이 연작 영화에서 완결된 대답들이라기보다는 우리에게 생각할 거리를 장만해 주었다.

이 영화는 한 아파트촌에서 울부짖는 어린아이의 비명으로부터 시작한다. 다섯 날 난 안야(앙카)는 악몽에 시달리다가 잠이 깼고, 그 애를 낳은 생모인 젊은 마이카가 달려와서 달래 주려 한다. 그러나 그녀는 어머니 에와에게 밀려나게 되자, 울면서 아버지에게로 가서 "더는 못 참겠어요"라며 흐느껴 운다. 여기서 한 아이를 둘러싼 모녀간의 갈등과 긴장 관계가 두드러지게 묘사되고 있다.

이러한 비극은 미성년자인 딸 마이카가 아이를 낳자, 그녀의 어머니가 자기 손녀인 그 아이를 자기가 낳은 것처럼 호적에 올려서 기른 데서 비롯된다. 다섯 살 철부지 안야는 자상하게 돌봐주는 할머니 에와가 어머니인 줄로 알고, 마이카를 언니로만 생각하고 있다. 어린 안야는 마이카가 열여섯 살 때 어머니가 교장으로 재직 중인 학교에 다니다가 국어 선생 워이택과 관계를 맺어서 낳은 아이이다.

그러나 숱한 고뇌 속에서도 어느덧 여대생이 된 마이카는 아이에 대한 사랑의 동경이 극에 달해 아이를 되찾고자 한다. 마이카는 친 딸인 자신보다 손녀를 더 사랑하고 집착하는 어머니와 아이를 사이에 두고 실랑이를 벌인다. 결코 손쉽게 어머니 에와가 안야를 내주지 않자, 마이카는 연극을 보는 안야를 유괴하여 캐나다로 떠날 결심을 한다. 결국 마이카는 안야를 데리고 숲속으로 가서 회전목마를 타고 자기가 친어머니라고 밝힌다. 잠시 워이택의 집에 은신을 하면서 마이카는 지나간 이야기를 나눈다. 마이카는 대화를 통해서 미성년자 유인 혐의로 고발할 수도 있다는 에와의 압력을 받은 사실을 알게 된다.

에와가 고발하면 워이택은 교사로서의 출셋길이 막힐 것이고, 마이카는 일생을 망칠 수도 있으니, 아이를 자기 아이로 호적에 올리자고 타일렀다는 것이다.

어쨌든 아이를 유괴당한 에와는 안절부절못하는데, 워이택은 마이카가 자기 집에서 도망간 사실을 에와에게 알려 준다. 워이택은 에와와 그녀의 남편 스테판과 함께 마이카를 찾아 나선다. 워이택이 마이카와 안야를 찾아 계곡물에 첨벙첨벙 빠져들어 가는 모습은 퍽 인상적이었다.

여러 시간이 흘러 에와는 한 역의 방 안에서 첫 차로 마이카와 떠나려던 안야를 찾게 된다. 에와가 "오! 내 새끼!"하며 안야를 끌어안는다. 그 순간 첫 기차가 들어오는데, 순간적으로 마이카가 찻간으로 달려가 떠나고 만다. 그러자 안야를 안고서 마이카의 떠나자 그제서야 "오! 내 딸…"이라며 허무한 표정으로 바라보고 있다. 이와 동시에 어린 안야는 에와의 팔에서 빠져나와 기차를 뒤따라서 달려가다가 멈추어 선다.

이 영화에서 키에슬로프스키는 영화에 어울리게 인상이 강한 얼굴들을 골라 놓은 것을 알 수 있다. 마이카는 트이고 힘찬 지성적인 얼굴을 가졌고, 어머니 에와는 단호하고 엄한 표정을 지녔고, 아버지 스테판은 인자하고 부드러운 인상이었다. 그리고 워이택은 미남형인 데가 힘차고 냉철해 보였다.

그런데 마이카가 아이를 유괴한 것을 보면 그녀가 아이를 도둑질한 것으로 생각할 수도 있다. 그러나 마이카의 분명한 의견인 즉 어머니가 아이를 도둑질했다는 것이다. 마이카는 아이가 자기의 것이기 때문에 당연함을 주장하고 있다.

그러나 어머니가 마이카를 위해서 좋은 뜻으로 미혼모의 수치를 막아주려고 그렇게 한 것이 과연 옳은 판단이었다고 할 수 있는 것일까.

그처럼 마이카가 제 아이를 품에 안고 "엄마!"라고 불러 보라며 애원하지만, 안야는 끝내 "마이카(언니)"라고 대답한다. 그 장면을 보니 마음이 안타까웠다. 마이카는 어머니의 부질없는 욕심과 집착으로 "자식도, 사랑도, 부모도…" 다 잃고 혼자 떠나고야 말게 된 것 아닌가?

결국 모든 사람이 다 상처를 입고 말았다. 부모도 마이카를 결정적으로 잃게 되었고, 워이택도 되살아난 부성애로 한 동안 안정을 잃게 되었다. 무엇보다도 어린 안야가 입은 상처를 그 무엇으로 싸매 줄 수 없을 것이다. "지나친 것은 나쁘다"라는 말을 되새겨 보며, 모든 관계에서의 "정직한 의사소통"의 소중함을 생각해 보았다.

오체 불만족(五體 不滿足)

신체는 불만족, 그러나 인생은 대만족

눈을 들어 보라! 지금도 칠월의 먹구름 낀 하늘 저편에서 이글거리고 있는 찬란한 태양을!

귀 기울여 보라! 비록 신체 불편할지라도 주어진 생을 저마다 만족스럽게 살아 보려고 애쓰는 이들의 승리에 찬 삶의 푸른 노래를!

우리의 주변에는 온갖 장애로 인하여 어렵게 사는 이들이 참으로 많지 아니한가. 이들 중에는 사지가 멀쩡하여 별문제 없어 보이는 듯한 이들도 있으나, 정신적으로 복잡한 난제뿐만 아니라 갖가지 신체적인 장애까지 겹친 까닭에 거동조차도 불편하여 마지못해서 사는 이들도 많다.

그러니 이 세상 그 어느 곳에 가 보아야 제 몫에 태인 삶의 멍에와 그 무게에 눌려 신음하지 않고 아무런 어려움 없이 사는 이들을 만날 수 있겠는가.

현재 우리들은 최첨단 정보화 사회에서 비롯되어진 인간소외와 구조적인 갈등 및 실직과 가정 파탄으로 인하여 온갖 상처와 아픔으로 몸살을 앓고 있다.

그래서 오체(五體)는 만족스러운 상태이건마는 정신적인 불만족을 극복하지 못하고 급기야는 그 자신의 인생을 불행의 구렁텅이로 몰아넣고야 마는 이들이 속출되고 있다. 이는 진정 '신체장애'보다 '정신장애'가 더 심각하며 절망적인 것임을 단적으로 보여주는 실례인 것이다.

「오체 불만족」의 저자인 오토타케 히로타다!

그는 현재 스물두 살 된 선천성 사지 절단의 장애인인데 "그의 신체는 불만족하지만, 그의 인생은 대만족함을 천명하고 활짝 웃으며 살고 있는 일본의 청년이다.

오토는 태어나면서부터 팔다리가 없고 성장하면서 10센티미터 남짓 자라났을 뿐이며 장애인이기에 불편한 점은 심히 많으나 절대 불행하지 않으며, 비록 휠체어에 몸을 의지해야 하나 그의 인생이 즐거움을 소리 높여 외치고 있다.

그는 자신의 장애를 단순한 '신체적 특징'이라고 주장하면서 오늘과 같은 상실의 시대를 살아가는 이들에게 불굴의 용기와 희망을 안겨 주고 있다. 오토는 '장애는 불편하다. 그러나 불행하지는 않다.'라고 말한 헬렌 켈러의 말을 좌우명으로 삼고서 그의 생활에 어떤 불만도 전혀 없음을 세세히 이야기하고 있다. 이처럼 오토를 진취적이며 행복한 사람으로 만든 근본적인 동인은 그 무엇이었을까.

이는 오토의 부모들이 그가 장애인으로 태어난 것에 대해서 비탄에 잠겨 슬퍼하거나 자포자기하는 등의 부정적인 반응을 보이지 않고, "어머 우리 귀여운 아기…"라는 첫 찬사로 그를 대한 것처럼 항상 그를 자신 있고 강한 아이로 키우기 위해서 최선을 다하며 정상인과 함께 나란히 공부할 수 있도록 끊임없이 지원해 주었기 때문이 아니겠는가.

또한 오토의 학교 친구들과 선생님들 역시 그가 장애자이지만 그의 인격을 존중해 주며 체육 시간에나 등산할 때든지 모든 행사에 적극적으로 참여할 수 있도록 옆에서 도와주었기 때문이다. 따라서 오토가 어떤 상황에서도 칠전팔기의 용맹스러운 기상으로 헤쳐 나갈 수 있는 인물로 우뚝 서게 된 것은 부모나 스승이나 이웃들이 그를 장애인이라고 해서 열외를 시키지 않았음이다.

그래서 오토는 긴긴밤 잠 못 이루며 "어떻게 살 것인가? 내게 가장 소중한 것이 무엇인가? 소중하게 여겨야 할 나란 도대체 어떤 존재인가? 내가 장애인으로 태어난 데에는 어떤 의미가 있을까? 아마 장애인만이 해낼 수 있는 일이 이 세상에는 반드시 존재한다. 나는 바로 그 일을 위해 이런 몸으로 세상에 태어났다."라고 고민하며 곧 그 깨달음을 얻어 낼 정도로, 정신적으로 건강하며 강인한 사람이 될 수 있었으리

라. 그는 지금 일본의 명문대학인 와세다 대학 정경 학부 정치학과에 재학 중이다. 그의 성적으로는 지망 학부가 D 판정, E 판정을 받는 수준이었으니 그가 목표로 한 와세다 대학에 진학하는 것은 불가능한 일이었다. 그런데도 오토는 포기하지 않고 장애인으로서 그의 신체리듬에 맞는 공부 방법으로 점점 성적을 올려 나가며 꾸준히 1년 동안 공부를 해서 와세다 대학 입학시험에 응시하고야 만다. 결국 오토의 확신에 가득 찬 도전 의식은 그에게 합격의 영광을 안겨 주었다.

이렇듯이 오토는 그 자신 스스로를 "하나밖에 없는 그 무엇과도 바꿀 수 없는 존재"라고 자랑스럽게 여기면서 그에게 주어진 생명을 헛되이 낭비하지 않고, 그 생명을 최대한 활용하며, '자기다움'을 잃지 않고 자신에게 긍지를 갖고 살아가기 위해 노력하고 있다.

그는 선천성 사지 절단의 장애로 인하여 신체가 매우 불만족한 처지이지만 그의 인생을 대 만족스럽게 엮어 가려고 애쓰고 있지 아니한가. 그런데 현재 나의 삶이 좀 고달프다고 해서 어찌 쉽게 주저앉아 낙담에 빠져있을 수 있으리오.

지금 내 귓전엔 "오체가 만족하든 불만족하든 행복한 인생을 보내는 데에는 아무런 관계가 없다."라는 오토의 낭랑한 음성이 맴돌고 있다. 이제 나는 그의 금강석과도 같은 신념을 심비(心碑)에 굳게 새기고 내 삶의 키를 복(福)된 미래에 두고 살아가련다.

거울 앞에서

오십여 년 만에 찾아온 올여름의 폭염! 그 작열하던 폭양이 자취를 감춘 지도 오랜 지금.

온통 갈색빛으로 물들어 가는 만추의 계절이다. 대학로 주변 가로수의 마른 잎들이 하나둘 힘없이 떨어져 뒹구는 것을 본다. 그 낙엽의 몸짓에 어떤 의미를 부여하며 걷고 있는 여대생의 뒷모습이 쓸쓸해 보인다.

이젠 굳이 오래 잠재워 둔 추억의 숲을 서성이며 우수에 잠기는 것보다, 앞에 놓인 현실과 미래의 세계를 관조해야 할 때가 온 것이다.

오늘은 아이들의 손때가 묻은 거실의 불투명한 유리창을 닦고서 높고, 푸른 가을의 창공과 정경을 집 안으로 가득가득 들여놔야지.

인생의 장년기와 같은 가을! 이 가을엔 누구나 한 번쯤은 거울 앞에 서서 자신의 모습을 재조명해 보아야 한다.

누구나 한 번은 북풍한설에 눈보라 휘날리는 인생의 노년기를 맞이해야 하기 때문이다.

유리 뒤쪽에 아말감을 발라서 만드는 거울. 그 거울 앞에 서서 자아를 점검해 보아야 한다. 그리고 그 거울만으로 볼 수 없는 마음의 뿌리에 병든 부분을 찾아내야 한다. 헝클어진 몸과 마음을 단장해야 할 때가 찾아 왔기 때문이다.

이 세상에서 가장 소중한 것은 '명경지수와 같은 마음'이라면 무리가 될까?

진정 마음이 청백하고 탐욕이 없는 소박한 사람을 만나고 싶다.

저마다 먼저 나누고 먼저 베풀기보다는 먼저 받고 먼저 대접을 받으려는 메마른 생활에 연연한 듯 하다. 오직 물량 위주로 치우쳐 정신의 빈곤을 안타까워할 줄 모르는 듯하다.

무질서와 폭력이 난무하고 퇴폐와 향락이 만연하며 인명경시 풍조로 왜곡된 현실을 개탄하지 않을 수 없다.

오죽하면 KBS에서 "인간 존중, 도덕성 회복으로 재무장하여 우리 후손에게 건강한 사회를 물려 주자"라는 구호를 외쳐야 했겠는가?

〈추적 60분〉을 통해 봇물 터지듯 쏟아져 나오는 온갖 무시무시한 죄악의 양상과 악인들의 모습. 성수대교가 무너져 내려 소중한 생명을 잃을 수밖에 없는 부도덕한 현장에서 두려움에 떨며 살아야 하는 이웃들의 형편, 성수대교가 무너져 내릴 때 나라가 무너져 내리는 느낌을 받았다는 말이 예사롭게 들리지 않았다.

윗물이 맑지 못한데 어찌 아랫물이 흐린 것을 탓하리오. 그러하나 현대 시대의 병리적인 풍조에 휩싸여 자포자기할 수만은 없다. 나 한 사람 쯤이야가 아니라 나 한 사람이라도 맑은 양심을 지키며 이 사회를 정화 시키는 촉매가 되어야 한다.

행실은 인격의 표현인데 저마다 거울 앞에서 외모에만 관심을 두고 있다.

아무리 뛰어난 화장술로 아름답게 얼굴을 치장해도 비뚤어진 행실이나 생활 습관은 감춰지지 않는다. 또한 거울 앞에서는 별빛 한 줄기에도 간사할 줄 모르는 욕심쟁이들의 마음보가 훤히 드러나는 것이다.

가끔 거울 앞에 서기가 망설여진다. 얼굴에 생긴 잔주름, 잡티, 깨소금, 물사마귀 때문이기도 하지만, 내 마음의 그릇이 오염되어 있는 까닭이다.

하지만 아직도 단아하고 청정무구한 영혼의 빛줄기가 숨쉬고 있으므로 감사할 수 있다. 그 가난한 영혼의 가락을 길어 올려서 내면의 향기를 삶의 향기로 승화시켜 보아야겠다.

이규보 님은 그의 동국이상국집에서 "군자는 거울을 대할 적마다 그 거울의 맑은 본성을 취해 얼굴에 비치는 거울처럼 자신의 마음을 맑게 하여 세상을 비치는 것이다."라고 했다.

비록 퇴폐문화 풍조로 인해 사치와 허영의 물결이 기승을 부리는 현실이지만 그 물살을 거슬러 올라가는 맑은 영혼이길 소망한다.

내게 주어진 거울 앞에서 얼굴도 비추어 보고 마음도 비추어 보는 이 순간. 가장 순결하고 경건한 여인이 된다.

이제 거울 앞에 앉아서 박남수 시인의 '거울'이란 시를 읊어 본다.

"살아 있는 얼굴을/ 죽음의 굳은 곳으로 데리고 가는/ 거울의 이쪽은 현실이지만/ 저쪽은 뒤집은 현실./ 저쪽에는 침묵으로 말하는/ 신처럼 온몸이 빛으로 맑게 닦여져 있다. 사람은 거울 앞에서 / 신의 사도처럼 어여쁘게 위장하고/ 어여쁘게 속임말을 하는/ 뒤집은 현실의 뒤집은 마을의 주민이다./ 거울은 맑게 닦아진 육신을 흔들어 / 지저분한 먼지를 털듯, 언제나 / 침묵으로 말하는 신처럼 비어 있다. / 비어서 기다리고 있다."

먼 훗날 나의 머리에 백발이 휘날릴 때 거울 앞에 선 모습은 어떨까?

그때 한 점 부끄러움이나 후회 없는 모습으로 시원한 웃음꽃을 피울 수 있어야겠다.

오늘과 내일

행운의 열쇠

사십여 년간을 교육에 전념해 온 L 교수! H 대학 인문과학대학 국어국문학과의 교수가 정년 퇴임을 한다는 소식이 전해져 왔다.

나는 열 일 제치고 이십여 년이 넘도록 한결같이 H 대학에서 교육에 전념해 온 교수의 정년 퇴임식에 참석하기로 했다. 먼저 아이들을 학교에 보낸 후, 약속 장소에 나가 여류 문학의 배환봉 시인과 함께 광주를 향해 호남고속도로를 달렸다.

그러나 제시간에 도착하지 못한 까닭에, L 교수의 '고별강연'을 듣지 못하고야 말았다. 우리가 아쉬운 마음으로 H 대학의 중앙도서관 내 국제 회의실에 도착했을 땐 이미 L 교수의 퇴임식에 참석한 축하객들로 가득했다.

우리는 낯선 하객들과 함께 나란히 식장 안에 자리를 잡고 퇴임식 순서를 기다렸다. 이윽고 사회자의 개회 선언에 따라 국민의례가 마치자, 인문대학장의 L 교수에 대한 약력 소개가 있었다.

"… L 교수는 삼 남매를 훌륭한 인재로 성장시켰을 뿐 아니라 학자의 아내로서 또 교육자로서의 모든 본분을 다하면서 사십 권이 훨씬 넘는 많은 책을 펴낸 학자이십니다…"

모시 한복을 곱게 차려입은 작은 체구의 단아한 모습의 교수!

L 교수는 순서에 의해 정부에서 주는 황조근정훈장과 재직기념패를 총장으로부터 전수받고, 이사장으로부터 공로패 및 행운의 열쇠를, 기념품 및 꽃다발을 가족 및 내외빈으로부터 증정받았다.

그야말로 사십여 년간의 교직 생활을 총정리하고 재직 중에 맺은 소담스러운 열매와 진심 어린 축하를 한 몸에 받고선 성실하고 의젓한 L 교수!

L 교수는 그녀가 일궈낸 교직 생활의 결정체들이 '행운의 열쇠'로 빛을 발하는 가장 멋지고 아름다운 순간을 맞이하고 선 것이다.

드디어 그녀는 이사장의 송공사와 총장의 송별사에 이어 "그녀의 문학과 그녀의 인생"이 담긴 퇴임사를 건넸다.

"나는 이십 대엔 시인이 되려고 애썼고, 남들은 대수롭지 않게 여기는 시인이지만 시인이라는 선민의식과 자존심, 남이 알아주지도 않는 자긍심으로 기가 살아 있었다.

남들이 보기에 내가 얼마나 어리석었을까? 그러나 그것조차도 없었다면 나는 도대체 무엇으로 나를 지탱하며 부지하였을까? 아득한 생각이 든다. 지금도 내가 전념하고 싶은 것은 좋은 시를 쓰는 일이다. 나는 날마다 내 사후에나 남을 수 있을지 모르는 단 한 편의 대표작을 쓰는 연습을 계속한다.

지금까지 발표한 시들을 연민으로 바라보면서, 그들을 아직도 진동하는 가슴으로 애무하면서, 나는 한 편의 내 자식이 될 시'를 염원한다. 아마도 이 소망 때문에 나는 아름답게 늙을 수 있을는지 모르겠다.

내게 있어서 시는 무엇인가? 수십 년 동안 단 한 순간도 그를 떠날 생각을 못 했으면서 한 편의 시도 '이것입니다'고 내놓을 수 없는 내게 있어서 시는 무엇인가. 나는 마치 객관식 시험문제의 문항을 만들 듯이 몇 개의 어슷비슷한 가설을 만들어 보았다……."

시인이요 학자로서 뛰어나고 대견스러우며 자랑스러운 L 교수! 그녀에게 있어서 시는 "생명이요, 사랑이요, 고통이요, 고독"이었을 것이다. 정녕 이러한 시로 인해 그녀는 "앞으로도 아름답게 늙을 수 있음을 고백했다.

L 교수는 어머니로서, 시인으로서, 학자로서, 스승으로서의 다양한 역할과 모든 소임을 멋있고 훌륭하게 담당해 온 것이다.

나는 교수의 퇴임식을 지켜보면서 제자들을 위해 아무 대가 없이 희생한 위대한 스승들을 잠시 떠올려 보았다. 그러나 요즘처럼 사제지간의 도리와 스승의 권위가 실추된 적이 또 있었을까. 하지만 아직도 우리 주위엔 스승다운 참스승이 있으므로, 오늘날 우리가 사는 이 땅의 미래를 향한 교육의 지표가 확실하며 참 소망이 있음을 깨달았다.

이 땅의 스승다운 위대한 스승들! 또다시 잃어버린 것을 찾아 길을 떠나는 교수!

이 모든 이들에게 '행운의 열쇠'를 살며시 쥐여 드리고 싶다.

세상에서 가장 아름다운 그 이름

어머니! 세상에서 가장 아름다운 이름입니다. 전 세계인이 세상에서 가장 아름다운 단어로 선정한 그 이름, 바로 '어머니' 이십니다. 만인의 가슴속에 살아 있는 영원한 빛으로 용솟음치는 어머니, 그 이름은 그 무엇과도 비교할 수 없는 불멸의 생명이요 희망입니다.

어머니! 세상에서 가장 아름다운 당신의 그 이름은 내가 부르다가 죽을 이름입니다. 어머니! 세상에서 가장 아름다운 그 이름은 내가 사모하다가 죽을 이름입니다. 오늘도 나는 세상에서 가장 아름다운 어머니, 당신의 그 아름다운 이름을 불러 봅니다.

어머니, 저는 어렸을 때부터 지금까지 이런 기도를 하고 있습니다.

"하나님, 저희 어머니, 아버지, 오래오래 무병장수하시고 자손들의 공경을 받으시며, 행복한 여생을 보내시도록 건강을 지켜주세요."

어머니, 하나님께서는 제가 사십 년이 넘도록 부모님을 위해 드린 저의 기도를 꼭 들어주시리라 믿어요. 그래서 저는 늘 마음이 든든하답니다.

사랑하는 어머니, 당신은 평생을 자식들과 가정을 위해 잠시도 쉬지 않고 일만 하셨지요. 한때 유족한 삶의 나날도 있었지만, 어머니의 삶은 그리 순탄하지 않으셨습니다. 그러나 그렇게 모진 삶의 풍파를 몸소 견뎌내셔야만 했던, 어머니 인고의 세월도 저 멀리 흘러갔습니다. 그래서인지, 어머니의 몸은 약해지셨고, 등도 많이 휘어지셨습니다. 어머니, 그렇게 힘이 넘치고 열정적인 어머니의 젊은 날들은 어디로 갔을까요.

세상에서 가장 아름다운 나의 어머니, 어머니의 눈물 기도가 있었기에 오늘의 제가 있습니다. 어머니의 그 지고지순한 희생이 있었기에 오늘의 자손들이 존재합니다. 모든 것이 고마우신 어머니의 은혜입니다. 그래서 어머니께 이렇게 글로 감사드립니다.

하늘보다 높고 바다보다 더 넓은 어머니의 은혜를 목청 높여 노래합니다. 어머니의 그 크신 사랑이 저에게 살아갈 이유와 힘과 용기를 줍니다. 어머니의 다함이 없는 그 사랑은, 마치 동화작가 실버스 타인의 "아낌없이 주는 나무"와 같다는 생각이 듭니다. 그래서 오늘은 어머니를 닮은 "아낌없이 주는 나무"의 이야기를, 어머니께 들려 드리고 싶어요.

세상에서 가장 아름다운 어머니,
"옛날에 한 그루의 나무가 있었데요. 소년은 언제나 사과나무 그늘에 와서 놀았고, 이 나무는 소년을 사랑했어요. 나무는 때에 맞춰 소년에게 예쁜 꽃을 주고, 잘 익은 사과를 선사했으며, 소년이 자신의 기둥과 가지에 올라와 마음껏 노는 것을 늘 행복으로 생각했어요.

그런데, 어머니! 소년은 점차 자라면서 도시에 가고 싶었어요. 나무는 소년과 헤어지기 싫었지만, 자신의 가지에 붙어 있던 모든 사과 열매를 선물해서 소년이 꿈을 펼칠 수 있도록 도시에 가는 여비를 마련해 주었어요.

여러 해가 지난 후 청년이 된 소년은 한 여자를 데리고 나타났어요. 이번에 소년은 결혼해서 살 집을 짓기 위해 나무의 가지들이 필요하다는 것이에요. 나무는 소년의 행복을 기뻐하고 축복하며 자신의 몸을 모두 떼어 주었어요. 이제 나무는 아름다운 꽃향기도, 잘 익은 사과 열매도 맺을 수없는 앙상한 기둥만 남은 나무가 되고 말았어요.
그래도 이 나무는 소년의 행복을 보며 흐뭇해했어요.

어머니, 세월이 지나고 장년이 된 소년이 나무를 찾아와 초조하게 말했어요. 이제 먼 나라에 가고 싶으니, 보트를 만들 수 있도록 나무의 기둥을 달라고 요구하는 것이 아니에요. 그래도 나무는 마지막 남은 자신의 기둥마저 베어서 소년에게 보트를 만들도록 주었어요.
그래서 나무엔 아름답던 가지도 튼튼했던 기둥도 잃어버리고 초라하고 못생긴 '밑동'만이 남게 되었어요. 하지만 나무는 사랑하는 소년의 삶이 행복하기만을 소원했어요.

어머니, 오랜 해가 지나고 이제 허리가 굽은 노인이 된 소년이 고향에 돌아와 나무 밑동 앞에 섰어요. 그의 얼굴은 세월의 상처로 가득 찼고 눈에는 꿈과 희망 대신 깊은 슬픔과 회한이 가득했어요. 그렇게 당당했던 어깨는 세월의 상흔에 짓눌려 기백을 찾을 길이 없었어요.
나무는 사랑했던 소년의 아름답던 모습을 그리며 눈물지었어요. 그리고 이제 내가 아무것도 줄 수 없지만 내 평평한 밑동에서 당신의 피곤한 몸과 영혼을 쉴 수 있다면 더없이 행복할 거야 하며 비바람에 단련된 자신의 밑동마저 소년에게 모두 내놓았어요."

어머니, 이처럼 감동적인 이 이야기의 주제는 바로 '사랑'이에요. 어머니, 자신을 아낌없이 내어주는 이 나무의 희생적인 사랑 이야기는 많은 것을 생각하게 해 주어요. 이 이야기는 무엇보다도 이 세상의 모든 어머니의 사랑을 대변해 주는 것 같아요.

어머니, 얼마 전에 쯔쯔가무시병으로 인해 고열로 위독한 상황에 놓였던, 아버지를 간호하시면서 얼마나 놀라셨나요? 아버지가 위독하시다는 말씀을 듣고도, 신속하게 달려갈 수 없어서 저희 부부는 많이 당황했습니다. 어머니께 119의 도움을 받으시도록 하고, 친정에 달려가는 길은 어찌 그리 마음이 조급했는지 모릅니다.

큰 사위는 어느 정도 호전되신 아버지보다, 아버지를 간호하시는 어머니가 더 걱정된다고 했습니다. 건강한 모습으로 자녀들의 효도를 받으시며 지내셔야 하는데, 잘 모시지 못해 죄송합니다. 사 남매가 서울로 진주로 군산에 흩어져서 지내다 보니, 어머니 아버지께 불효가 막급하니 어찌합니까. 그 중에 제가 가장 가까이에 있는데도, 자주 찾아뵙고 더 잘 섬겨 드리지 못해서 늘 마음이 무겁습니다.

어머니, 앞으로는 자주 찾아뵙도록 노력할게요. 며칠 전에는 해가 져서 어둑어둑해졌지만, 어머니가 몹시 뵙고 싶어서 차를 몰고 달렸습니다. 어머니는 저에게 많이 늦었으니 오지 마라고 하셨지만, 기어이 저는 어머니가 차려주신 늦은 저녁을 맛있게 먹고 돌아왔습니다.

"지금까지 밥을 못 먹었으니, 얼마나 배가 고플까?" 라시며 손수 밥상을 차려주시던 어머니의 정겨운 목소리가 귓가에 생생합니다.

어머니는 유독 큰 딸인 제가 어렸을 때부터 온갖 좋은 것을 먹이시려고, 성화였지요. 제가 여고에 다닐 때도, 새벽밥을 지어주시며, 정성껏 도시락을 싸주셨던 어머니의 그 정성 어린 손길을 어찌 잊을 수 있겠습니까. 그러한 어머니의 은혜로 저희 사 남매는 반듯하게 성장했고, 단란한 가정을 이루며 잘 살고 있습니다.
이 세상 그 무엇과도 비길 수 없는, 어머니의 다함이 없는 그 지극하신 자식 사랑에, 머리 숙여 감사 감사드립니다.

이렇게 고요한 밤, 저는 어머니와 아버지를 보호하시는 견고한 망대요 피난처가 되시는 하나님께 이렇게 기도하렵니다. "하나님 저희 부모님이 백발이 되기까지 품어주시고 안

아주시고 보호해 주십시오. 그리고 건강하고 행복한 노후를 보내게 해주십시오." 아멘

어머니, 오늘의 온갖 시름과 근심을 내려놓으시고, 편안히 주무세요. 내일의 밝은 햇살이 창문에 비칠 때에 또다시 새 날의 은총을 누리세요. 그리고 많이 많이 웃으세요.

어머니, 당신은 세상에서 가장 아름다운 분이십니다. 어머니, 당신은 세상에서 가장 아름다운 내 어머니이십니다. 어머니, 언제까지나 사랑합니다.

십일월의 어느 멋진 날에

거리엔 낙엽이 떨어져 휘날리고, 늦가을의 햇살이 보석처럼 눈이 부시다. 이렇듯 아름다운 십일월의 어느 멋진 날 오후, 나는 K 우체국에 들렸다. 우체국 직원을 만나고서, 우체국 뒷문으로 나오던 중에 나는 우체국 게시판에 쓰여 있는 김춘수 시인의 '꽃'이란 시에 붙들렸다.

릴케와 꽃과 바다와 이중섭과 처용을 좋아했다는 김 시인의 '꽃'이란 시가, 왜 이리 내 마음을 꼭 붙들고 놓아 주지 않는 것일까. 다시 이 시를 만났던 여고 시절로 되돌아간 듯 나는 이 시에 주목하였다.

행여 이런 내 모습이 누군가에게 들킬까 봐, 딴청을 부리며 나는 이 시를 천천히 읊조려 보았다.

내가 그의 이름을 불러 주기 전에는
그는 다만

하나의 몸짓에 지나지 않았다.

내가 그의 이름을 불러 주었을 때
그는 나에게로 와서
꽃이 되었다.

내가 그의 이름을 불러 준 것처럼
나의 이 빛깔과 향기에 알맞은
누가 나의 이름을 불러다오.
그에게로 가서 나도
그의 꽃이 되고 싶다.

우리들은 모두
무엇이 되고 싶다.
너는 나에게
나는 너에게
잊혀지지 않는
하나의 눈짓이 되고 싶다.

이 시를 음미하면서, 이내 맑아진 마음이, 프리지어 꽃향기로 가득해짐을 느껴보았다. 잠시 후 나는 '꽃'이란 시 옆에 나란히 쓰인 '콜 네임 운동'이란 글귀를 보게 되었다.
"이름을 부른다는 것은 마음을 준다는 뜻입니다. 믿음과 사랑을 준다는 뜻입니다. 지금, 이 순간을 잊지 않고 기억한다는 뜻입니다.
그가 나를, 내가 그를 바라보는 것만으로도 황홀할 지경인데 이름을 불러주니, 꽃이 아니면 무엇으로 피어날까? 나는 오늘 동료의 이름을 몇 번이나 불러주었는가?"

이처럼 K 우체국에서는, 김춘수 시인의 "꽃"이란 시의 핵심어를 놓치지 않고 "이름 부르기 운동과 연결 지어, 직원들 간에 화기애애한 분위기의 연출을 꾀하려는 의지를 엿보여 주고 있었다. 그 순간, 나는 '이름을 불러주는 것이 얼마나 중요한 의미를 부여하는 것인지에 대해 생각해 보게 되었다.

하지만, 현시대는 대중매체나 컴퓨터에 마음을 빼앗기는 사람들이 대부분이다. 그뿐 아니라 스마트 폰이 '제왕' 노릇을 하고 있어, 저마다 따뜻한 인성이 매몰되어 가고 있는 실정이다. 날이 갈수록 상대방과의 진솔한 대화보다는, 독백으로 치닫고 있으며, 상대방의 존재에 의미를 부여하기보다는 무관심과 이기심으로, 자아의 세계에만 몰입하고 있는 실정이 아니런가.

서로가 서로에 대해 관심을 두고, 희로애락을 나누거나, 이름을 불러 주기보다는, 스마트 폰이나 컴퓨터 게임기에나 부동산 투기에 영혼을 빼앗기는 이들이 대세를 이루고 있어서 심히 안타까운 심정이다. 이럴수록 내 옆에 있는 한 사람의 존재가 그 얼마나 소중한지를 깨닫게 된다. 그러기에 한 사람의 존재 가치는 그 소유에 많고 적음에 있음이 아니라, 그가 존재함 그 자체에 있음이 아니겠는가. 마치 어머니가 사랑하는 자녀의 이름을 불러 주듯이, 스승이 제자의 이름을 불러 주듯이, 서로의 이름을 불러주며, 훈훈한 정을 나눈다면, 분명 꿈과 희망과 행복이 넘치는 가정과 학교와 직장과 사회를 이루게 되리라 확신한다.

이제 우린 누구의 어머니와 아내로 불리거나, 누구의 아버지나 남편으로 불리기보다는, 그 이름 석 자가 또렷이 불리도록 해야 하리라. 내가 상대방의 이름 석 자를 선명하게 불러주는 가장 기본적인 태도로, 그의 존재를 인정해 주고 관심을 두기 전에는 그 누구도 무의미한 존재에 지나지 않기 때문이다. 이렇게 상대방의 존재를 확인하고, 존중해 주며, 서로가 공감하며 소통한다는 것은, 이 세상 그 무엇보다도 정겹고 가치 있는 일이라고 여겨진다.
그래서인지 김춘수 시인은 서로가 서로에게 '무엇'이 되어 주는 것, 그것은 곧 이름을 불러 주는 것이라고 호소하고 있음이 아니런가.

한때 "시인들이 제일 좋아하는 시, 김춘수의 꽃을 감상하면서, 나는 '너'와 '나'와 '그'가 보다 친밀한 인간관계를 맺기 위한 최상의 아이디어는 '이름 불러주기'라는 화자의 생각에 공감해 본다.
이 시를 어떤 이는 이렇게 해설하였다. "몸짓, 꽃, 눈짓이 하나의 "이름"이라는 연결고리에 의해 긴밀하게 이어져 있다. 내가 누군가의 이름을 부르는 순간 그 몸짓은 꽃이 되고 눈짓이 된다. 몸짓은 평범한 대상체요, 꽃은 한 단계 더 발전된 아름다움이요, 눈짓은 아름다움에 깊은 의미까지 더한 성숙한 단계요 완벽한 아름다움의 단계이다.

시속에서 화자는 "서로에게 잊히지 않는 의미가 되고 싶다"고 한다. 그것은 이름만 불러주면 된다. 누군가에게 잊히지 않는 존재가 되기 위해선 내가 먼저 그의 이름을 불러주고, 그의 의미가 되어 주고, 눈짓이 되어 주어야 한다. 그러나 대부분의 사람이 상대방이 먼저 내 이름을 불러 주고 내게 다가와 눈짓이 되어주길 원한다.

그래서 쉽게 꽃도, 눈짓도 되지 못한다."

오늘은 왠지 H 여사의 수척해진 모습이 떠오른다. 올봄에 갑작스럽게 남편을 잃은 H 여사는, 여전히 저는 다리를 끌며, 손님을 접대하기 위해 음식 만들기에 여념이 없을 것이다. 비록 그녀와 자주 연락하거나 왕래하지 못하지만, 늘 그녀는 내 마음에 자리하고 있다.

아무리 바빠도 오늘만은 그녀의 이름을 불러 주고 싶다. 홀로 남은 외로움에 젖어 슬퍼할 겨를도 없이 지쳐 있는 그녀에게 달려가고 싶다. 그녀의 손을 잡고 위로해 주며 힘이 되어 주고 싶다. 그러나 내 앞에 놓여 있는 삶과 신앙의 과업들이 내 마음에 제동을 건다. 역시 오늘도 나는 그녀를 하나의 몸짓으로 남겨둔 채, 앞서가는 마음만을 안고, 이 하루도 또 그렇게 주저앉게 된다.

아, '화무십일홍'이라는 말처럼 그리 길지 않은 인생인데, 서로에게 오랫동안 사랑으로 남을 '사람 꽃'으로 피어나기 위해, 어떻게 해야 하는 것일까.
이제 나는 아직도 불려 지지 않은, 꽃보다 더 아름다운 이름들을 찾아 길을 떠나련다. 그리고 내가 먼저 해맑은 미소를 머금고, 겸허한 몸짓으로 다가서리라. 결코 두 번 다시 만나고 싶지 않은 욕심 많은 이들도, 외면하지 않고 품을 수 있는 넉넉함을 배우고 싶다.
그 어떤 이들도 무시하거나 외면하지 않고 감싸주고 배려하며, 칭찬할 줄 아는 넓은 아량의 소유자도 되어보고 싶다. 그리고 서로에게 잊혀 지지 않는 하나의 의미가 되기 위해서, 내가 먼저 손 내밀어 보련다.

지난 어느 십일월의 쓸쓸한 날이었다. 가까운 이웃의 G 의사는 시들어가는 병든 몸으로 최후의 일각까지 그 진료의 사명을 다하고 하나님의 부름을 받았다. G 의사는 내색할 수 없는 지병으로 그렇듯 큰 고통을 감내하면서도, 끝까지 의연하고 성실한 모습으로 환자들을 진료하며, 그 생명의 마지막

한 방울까지 모두 다 비우고 이승을 떠났다. 지금도 그의 시신을 입관하던 자리에서 울부짖던 미망인의 목소리가 귀에 선하다. "아! 이제 '여~보'라고 부를 수도 없잖아요.

　이제 나는 어떻게 해요, 여~보! 아!"

　이처럼 울부짖으며 애통해하는 할머니의 눈물 의미를 아는지 모르는지, 철부지 손녀들은 까르르까르르 웃으며, 입관실에서 장난을 친다. 그 모습이 신경이 쓰이고 마음이 매우 아팠다.

　어제는 교회에서 그녀의 모습을 볼 수 없었다. 아직도 그녀는 남편을 잃은 슬픔에 몸부림치며 흐느끼고 있는 모양이다. 그녀가 당한 그 깊은 슬픔 앞에 어찌해야 좋을지 모르겠다. 나는 그녀가 어서 속히 몸과 마음의 안정을 되찾고 삶의 용기를 갖고 일어서기를 기도할 따름이다.

　그리고 어려움을 당한 이들의 "빛깔과 향기에 알맞은 이름"을 부를 수 있는 지혜를 배우기를 소망한다. "하나의 몸짓에서, 잊히지 않는 "하나의 눈짓"이 되는 그 신비로움을 맛볼 수 있게 될 수 있도록 말이다. 나에겐 사람이란 존재에 의미를 부여하는 것만큼 중요한 일이 없는 까닭이다.

　이렇듯 또 한 날이 저물어가는 고요한 이 밤!

　불현듯 "꽃이 피기 전의 정적, 이제 곧 새로운 꽃이 필 것이다. 불러라, 꽃!"이란 글귀가 떠오른다.

나의 갈 길 다 가도록, 부르고 또 불러야 할 이름들이여!! 그 누가 나의 빛깔과 향기에 맞는 이름을 불러 주시겠소.

나도 그대에게 언제까지 잊혀 지지 않는 하나의 향기로운 의미로 그렇게 남고 싶소이다. 아니, 그대의 마음 밭에 하얀 백합화 한 아름 안겨드리고 싶소이다.

손수레를 끄는 ㄱ자 여자

어느 날 TV에서 소개된 그녀는 육십 세가 훨씬 넘어 보였다. 그녀는 얼마나 고생했는지 허리가 ㄱ자로 휘어져 있었다. 종종 주변에서 그녀처럼 허리가 굽은 노인들을 자주 만나게 되는데, 그녀의 허리는 꽤 심각한 수준이었다.

그날도 그녀는 마치 손수레의 높이만큼 휘어진 ㄱ자 모습으로 손수레를 힘겹게 끌면서 혼잡하고 위험한 도심의 차량 속을 헤집고 앞만 바라보고 나아가고 있었다. 그녀는 파지를 주워 돈을 모으기 위해서 오늘도 어제처럼 힘에 겹고 무거운 손수레를 온 힘을 다해 끌고 있다.

그녀가 그처럼 마음을 굳게 먹고 독하게 모아서 돈을 만드는 이유는 무엇이었을까. 그 이유인즉, 그녀는 서른이 넘은 문제투성이의 아들 둘을 먹여 살려야 해서, 그처럼 잠시 쉴 틈도 없는 ㄱ자 여자로 존재해야 하는 것이었다.

ㄱ자 여자는 유독 책을 좋아했다는 큰아들 몫으로 마련한

텅 빈 집을 청소하며 울분을 터뜨렸다. 그녀의 큰아들은 감전 사고로 인해 정신적으로도 손상을 입어 횡설수설하는 등, 취업을 할 만한 지성도, 건강도 턱없이 모자란 청년이었다.

또 그녀의 작은아들 역시 하루 종일 방 안에 누워서 빈둥빈둥 두문불출하고 있는데 지능이 모자라 보였다.

ㄱ자 여자는 이렇게 답답한 심정을 토로한다.

"남편은 갑자기 간암을 앓다가 세상을 떠났고 그 뒤로 대출금을 채 못 갚을 형편이어서 많이 힘들었는데, 감전 사고를 당해 기적적으로 살아난 큰아들마저 정신적 후유증으로 전혀 다른 아들이 되었어요……"

이렇듯 딱한 형편에 놓인 그 ㄱ사 여인은 비가 오나 눈이 오나, 날씨가 무더울지라도 그렇게 무거운 손수레를 끌고 거리로 나서야만 하는 것이다. 그녀가 아들 몫으로 마련해 둔 그 집 한 채를 비워 두면서까지, 파지를 주워야 하는 여인의 속마음을 그 누가 헤아릴 수 있을까.

ㄱ자 여자는 두 아들과 살아갈 돈이 없기에, 그 집에 대한 이자를 납부하라는 독촉장에, 빚을 지면서까지 그 집을 지키기 위해서 안간힘을 다해 손수레를 끌고 거리를 헤매는 것이었다.

ㄱ자 여인은 평소에 책을 많이 봐서 모르는 것이 없을 정도로 유식해 보였는데, 생각이 깊은 그녀는 이렇게 말했다.

"저는 우리 아들이 공무원이 되길 바라고 키웠어요. 그런데 지금은 이처럼 딱한 상황에 있는 제 아이들이 집도 없이 떠돌아다니다가 어떻게 될까 봐 번듯한 집이라도 마련해 주기 위해서 이렇게 날마다 움직이고 있어요."

그날도 어머니라는 이름으로 살아온 ㄱ자 여자는 방에서도 자지 못하고, "차가운 타일 바닥이 시원하다"라며 피곤에 절은 그녀의 몸을 눕힌다.

어느새 날이 밝아 또 하루를 시작하는 애처로운 그녀는 자신이 일을 나간 뒤에도 그저 두 아들이 잘 있어 주기를 바라며 일터로 향한다.

ㄱ자 여자의 둘째 아들은 '생각할 수도 행동할 수도 없는 상황에 놓여 있고, 큰아들은 안쓰러운 어머니를 돕고 싶어 온종일 전화통에 앞에 앉아 취직자리를 알아본다. 그러나 큰아들 역시 제 몸과 마음을 제대로 조절하지 못하고 있는 실정이다. 이런 큰아들이 결혼해서 살림하고, 앞으로 그곳에서 잘 살기를 원하는 마음으로 빈집을 청소하는 ㄱ자 여인의 모습이 한없이 애처롭고 눈물겹다.

이렇듯 조현병에 걸린 두 아들을 위해 뜨거운 폭염에도 아랑곳없이 그저 돈을 벌기 위해 파지와 쓰레기를 줍는 지극한 모성애가 나의 친정어머니를 꼭 닮았다. 역시 날마다 산더미 같은 수레를 어머니라는 이름으로 짊어지지만, 그래서 심신은 지쳐 피곤이 엄습해 와도, 그녀는 심각한 상태에 있는 아들들에게 제대로 간식 하나 못해 주는 것을 괴로워한다.

그러던 어느 날, ㄱ자 여자는 그렇게만 사는 삶이 정상적인 것만은 아닌 것 같았는지, 두 아들을 데리고 세 모자는 고물을 줍는 대신 가족 나들이를 결심한다.

그녀의 막내아들은 이십 년 만에 가족여행을 떠나 바다로 간다하니 천진난만하게 웃으며 좋아한다. 이런 막내아들의 손을 오랜만에 잡아보며 ㄱ자 여자는 행복한 미소를 짓는다.

ㄱ자 여자는 지금까지 홀로 두 아들을 책임져야 한다는 생각에 땅만 보고 살아왔다. 하지만 이제 그녀는 두 아들이 세상 밖으로 나올 수 있도록 돕고 한가한 시간을 만들어 보겠다고 다짐하는 평범한 엄마였다.

세상에서 가장 아름다운 이름, 그 이름은 바로 '어머니, 어머니! 나의 어머니!'입니다. 이렇게 외쳐보며, 오늘의 추억을 카메라에 찍어 보고 싶은 큰아들 녀석과 그 어머니의 낡은 수레는 아들을 향한 꿈이었죠. 그녀는 앞으로 더 먼 길을 가야 하겠지요.

오늘 나는 ㄱ자 여자의 삶을 통해서 내 자녀들의 어머니로서 어떻게 자녀 일기를 써 나가야 좋을지를 고민해 보게 되었다. 나는 늘 손수레를 끄는 ㄱ자 여자를 떠올려 볼 것이다. 그리고 내게 맡겨 주신 네 자녀들과의 진정한 소통과 위로와 사랑의 나눔과 교제를 바래본다. 지극한 ㄱ자 여자의 모성애를 떠올려 보면서 그녀의 뜨거운 자식 사랑을 배우고 그렇게 행동하고 싶다.

남편나무

이 "남편나무"는 헬렌 피셔, 셀린 디옹의 노래 "사랑의 힘"의 가사를 개사한 노래다. 메일을 열어보니 이 노래가 와 있었다.

나는 그만 헬렌 피셔의 아름다운 노래에 흠뻑 매료되었다. 그녀의 노래를 유튜브로 들으면서, 나에게 공감이 많이 되는 "남편나무"의 노래 가사를 나지막하게 읊조려 보았다.

"어느 날, 남편나무가 바람도 막아주고 그늘도 되어 주어 언제나 함께하고 싶고 사랑스러웠습니다. 그런데 언젠가부터 그 나무가 싫어지기 시작했습니다. 왜냐하면 그 나무 때문에 시야가 가리고 항상 내가 돌봐줘야 했기 때문입니다. 내가 하고 싶은 것을 하지 못할 때가 많았기 때문입니다. 비록 내가 사랑하는 나무이기는 했지만, 어느 날부터인가 그런 나무가 싫어지기 시작했습니다. 때로는 귀찮고 나무가 불편하게 함으로 남 힘들게 하는 나무가 밉기까지 했습니다. 그래서 괜한 짜증과 심술을 부리기도 했습니다. 그러더니 어느 날부터 나무는 시들기 시작했고 죽어가기 시작했습니다. 그러던 중에 심한 태풍과 함께 찾아온 거센 바람에 나무는 그만 쓰러지고 말았습니다. 그럴 때 나는 그저 바라만 보았습니다. 그다음 날 뜨거운 태양 아래서 나무가 없어도 충분히 살아갈 수 있다고 여겼던 내 생각이 틀렸다는 것을 알기까지는 그리 오랜 시간이 걸리지 않았습니다. 그때 서야 나는 깨달았습니다. 내가 사랑을 주지 않으니 쓰러져 버린 나무가 나에겐 얼마나 소중한지를 내가 남편을 대수롭지 않게 생각하는 사이에 나무는 나에게 너무나 소중한 그늘이 되었다는 것을, 이미 늦은 감이 있지만, 이제는 쓰러신 나무를 일으켜 다시금 사랑해 주어야 하겠습니다. 우리는 서로가 서로에게 너무나 필요한 존재임을 다시 알게 되었습니다. 남편 나무님! 죄송합니다. 그리고 사랑합니다.'

우리 집에 있는 남편나무는 올 이월에 삼십여 년 동안 재직했던 정든 S 대학교에서 정년 퇴임을 했다. 누구보다도 성품이 강직하고 정의파였던 남편의 학교 사랑은 남달랐다. 그래서 소유권은 있으나 운영권이 마비된 학교의 정상화와 발전을 꾀하기 위해 교수직의 위험을 무릅쓰고 학교법인을 상대로 투쟁에 임하게 되었다. 그 결과 어렵게 대법원에서 승소하여 학교의 운영권을 되찾아오는 데 공은 세웠으나, 여전히 뿌리 깊은 학교법인의 뜻대로 학교는 운영되었고 그는 부당하게 해임을 당하고 말았다.

이로써 우리 가정은 남편이 부당 해임을 당하게 되므로 어렵게 되었다. 이렇게 교직에서 해임을 당한 지가 지금으로부터 십칠 년 전의 일이다. 그렇게 해임이 된 상황에서 넷이나 되는 아이들을 양육하고 교육하며 생활하는 것이 그리 쉬운 일이 아니었다. 특히 네 아이 중에 세 아이가 음악을 전공해야 하는 상황이었으니 말이다. 그런데 그렇게 힘든 형편 속에서도 아이들은 열심히 공부하며 열심히 악기를 연습했고, 높은 경쟁률을 뚫고서 서울에 있는 S 대학에 모두 동문으로 입학을 해 주었다.

이렇게 해서 서울에 올라간 네 아이들은 성실하게 공부를 잘해 주었는데, 아이들이 그렇게 안정감을 갖고 지낼 수 있었던 것은 무엇보다도 믿음직한 큰 딸애의 공로가 컸다. 때로는 저희끼리 다투며 사네 못사네 하면서 울고불고하던 때도 있었지만, 그래도 형제자매라고 서로 의지하며 그 어려운 시절을 잘 지내고, 이제는 저마다의 삶의 자리에서 제 목소리를 내며 향기를 발하고 있다.

이제 정년한 지 육 개월 차인 남편은 이미 귀농했는데, 본인 왈 "이제 나는 농부로 취직했다."라고 말하며 머쓱하게 웃는다.

어제는 컴퓨터 앞에 앉아서 이것저것 농사에 관련된 정보를 찾아보던 남편이 "아~휴, 농부 되기가 그렇게 쉽지는 않구먼, 공부할 것이 왜 이렇게 많아······" 라며 혼잣말을 한다.

우리 집 남편나무는 어찌나 개성이 강한지, 모두가 가는 쉬운 길을 택하지 않는 특별한 성격의 소유자인 것 같다. 대부분 은퇴 이후에는 꼬박꼬박 나오는 연금을 타 쓰고, 쉬엄쉬엄 운동이나 하면서 여유 있게 노후를 보내려고 한다. 그러나 남편은 그렇게는 살고 싶지 않은 모양이다. 그 여파로 인해 목회자인 나의 삶에도 적지 않은 영향을 주고 있다.

그렇다고 내 인생의 동반자인 남편나무가 선택한 '귀농'의 길을 어찌 나몰라라 할 수 있겠는가. 사람과 자연히 함께 행복하고 힐링하는 이곳 진안에서 어렵사리 마련한 산과 땅에 저렇게 돌은 많고 풀들은 사람 키만큼 웃자라는데, 이 일을 어떻게 하면 좋단 말인가. 하필 올여름 날씨는 왜 이리 무더운지 집집마다 에어컨이나 선풍기 없이는 살 수 없다고 아우성이다. 어떤 이는 선풍기를 사러 갔더니 품절이라며 속상해한다. 이렇듯 날씨까지도 한몫하는데 어쩌란 말인가.

그 누구도 못 말리는 나의 남편나무가 요새는 밉다. 눈치 없이 고집만 피우고 일을 하자고 몰아붙이는 그가 못마땅하다. 여전히 나에 대한 이해심이 부족하고, 모든 것을 자기 위주로 생각하며, 상대방을 배려하지 못하고 조금만 의견을 달리하면 적개심을 갖는 그의 모습이 못내 서운하고 못마땅하다. 그럴 때마다 나는 속으로 "내 복이 이것밖에 안 되는가 보다."라며 푸념을 해 본다.

아무리 내가 이처럼 속이 상한다 한들 무슨 소용이 있으랴.

헬렌 피셔가 "남편나무"에서 노래한 것처럼, '내가 사랑하는 남편나무이지만 나를 불편하게 하고 힘들게 하고 나의 시야를 가리니, 때로는 미운 마음도 들지만, 나의 소중한 분신이니 내 어찌 남편나무를 미워함으로 시들어 버리게 할 수 있겠느냐?'

라는 생각이 든다.

그러기에 그와 함께 살아온 날보다 앞으로 살아갈 날들이 더 적음을 생각해 보며, 내가 "대수롭지 않게 생각했던 사이에 어느새 내 인생의 시원한 그늘이 되어 준" 남편나무, 그의 좋은 반려자가 되어야 하리라고 다짐하게 된다.

비록 이곳 진안의 뜨거운 태양 볕 아래에서 하얀 살이 검게 타고, 온몸에 굵은 땀방울이 흘러내린다고 할지라도, 소중한 남편의 꿈과 비전을 함께 공유하며 함께 그 거친 길로 달려가련다.

그가 언젠가 내게 이런 말을 했다.

"여~보, 나 혼자선 재미가 없어서 일을 할 수가 없어. 당신이 옆에 있으니까 하는 것이지. 나 혼자라면 내가 이런 일을 할 필요가 없어. 당신과 아이들이 있으니까 뭔가 나도 미래를 위해서 이렇게 땀을 흘리게 되는 것이지…"

오늘도 나는 그의 말을 되뇌어 본다.

'그~래 어차피 썩어져 없어지는 인생보다는 닳아서 없어지는 인생이 의미가 있을 테니까, 나도 남편나무에게 시원한 그늘을 만들어 주는 아내나무가 되어야지.'라고 다시 한번 생각해 본다.

우리 부부는 아직 농사에 대해서 어떻게 해야 할지 잘 모른다. 무엇을 심어야 잘 자라고, 무엇을 심어서 풍성한 소출을 거두고 소득을 올리는지도 잘 모른다.

하지만 우리 부부가 심고 가꾼 농작물 중에서 우선 석류와 무화과, 블루벨리, 감나무, 호두나무가 그 튼실한 열매를 아름드리 맺어서 가슴 벅찬 수확의 기쁨을 안겨 줄 수 있도록 잡초를 뽑아주고 거름을 듬뿍 주고 싶다.

이처럼 우리 가문의 사람나무들이 저마다 좋은 성품의 열매를 아름드리 맺어서 가정과 지역 사회와 국가와 인류에 이바지하는 멋지고 유익하고 훌륭한 인재들로 우뚝 설 수 있기를 소망해 본다.

그 무엇을 주고도 살 수없는 맑은 공기와 신선한 바람과 저 푸른 하늘의 찬란한 햇빛과 더불어 그 무엇과도 바꿀 수 없는 안빈낙도의 삶을 누려보며, 헬렌 피셔의 "사랑의 힘"을 목청껏 부르리라. 아니 그이와 함께 큰 딸 결혼식 피로연 식장에서 불렀던 "사랑의 종소리"를 날마다 부르며 그렇게 소박하게 살고 싶은 것이다.

"서로 믿음 안에서 서로 소망 가운데 서로 사랑하면서 손잡고 가는 길, 오~ 주! 사랑의 종소리가 이 시간 우리 모두를 감싸게 하여 주소서."

　먼~ 훗날, 이처럼 가슴 뿌듯한 아름답고 향기로운 새 날을 위하여 우리 부부는 꼭 필요한 자양분이 되어줄, 깊고 뜨거운 관심과 사랑으로 서로를 보살피고 소통하며 살아야 하리라. 남편나무는 아내나무에게 아내나무는 남편나무에게 서로서로 시원한 그늘이 되어주는 푸르른 편백나무 숲속의 가족나무들로 그렇게 산다면 더욱 좋으리라.

십일월의 신랑 신부를 위하여

소설가 오 헨리의 '마지막 잎새' 한 장처럼 십일월이 달력 한 장만 남기고 떠나려고 한다.

지난 십사 일에는 큰딸 지윤이가 믿음직한 서울 청년 석빈 군과 결혼하여 삼십삼 년 만에 우리 곁을 떠났다.

큰딸이 결혼을 앞두고 있던 어느 날, 남편은 마음이 섭섭했던지 딸애를 바라보며 "에이, 똥차 치우게 되어 시원하다"라며 농담을 했다. 큰딸도 질세라, "아~이, 똥차라니요, 저는 똥차가 아니라 세단이에요…" 라며 너스레를 떨었다. 그런 지윤(지뿅)이를 보고 남편(재)은 "그~래, 세단이다, 세단…" 이라고 장단을 맞춰주었다. 그날 우리는 서로서로 바라보며 크게 웃었다.

우리 지뿅이가 유치원생이었던, 어느 날 나에게 했던 말이 생각난다.

"엄마, 나도 커서 어른이 되면 엄마처럼 꼭 결혼할 거야."

이런 말을 건넨 어린 지뽕이의 눈엔 우리 부부가 사는 모습이 행복해 보였던 모양이다. 가끔 지뽕이가 했던 그 말이 떠오를 때면, '그래도 우리 부부가 원만하게 잘 살았나 보다.'라는 생각이 들어 안심되었다.

왜냐하면 나는 지뽕이와 달리 어렸을 때부터 독신주의를 표방하며, 친정어머니의 심기를 불편하게 해드렸기 때문이다. 내 고집이 완강하다는 것을 잘 아신 친정어머니는 결코 처녀 귀신이 되게 할 수 없다고 힘주어 말하시곤 했다. 그런 시점에 친정어머니는 "마누라 없이는 살 수 있어도 장화 없이는 살 수 없다"는 시골길에 멀쩡한 구두를 몽땅 버려가면서, 친정집을 왕래했던 재뽕 씨를 열렬히 환영하여 큰 사윗감으로 맞이한 장본인이시다. 나는 그렇게 꿍짝이 잘 맞는 친정 부모와 재뽕 씨 사이에서 거역할 수 없는 거센 운명의 물결에 휩싸인 채, 그래도 불효녀가 될 수는 없지 싶어 그의 신부가 되었고, 희로애락을 같이 하는 인생의 동반자가 된 것이다.

그 이후로 지금까지 그와 함께 살아오면서 좋은 시절도 많았지만, 누군가가 쌀 한 가마니를 준 것이 기억에 남을 정도로 어려운 시절도 있었다. 하지만 그런 와중에서도 우리는 딸 셋에 아들 하나를 낳아 잘 양육했다. 이번에 결혼하게 된 큰딸 지뽕이는 행정학도로 둘째 딸과 셋째 딸과 막둥이를 음악 전공자로 길러냈고, 서로 아껴주며 소박하게 오순도순 살아가고 있다.

근래에 어떤 이는 재산을 은닉하여 세금을 물지 않으려고 아궁이에 수십억의 돈다발을 감춰 놓고 살다가 들통이 났던데, 우리 가족은 인생에 있어서 어떻게 사는 것이 가치 있고 더 소중한 삶인지를 깨달았기 때문에, 억만금도 부럽지 않은 것이다. 그래서인지 지뽕이도 이번에 큰 부담을 갖지 않고, 간소하게 결혼에 임한 것 같다. 그렇다 하여도 결혼할 땐 기본적으로 들어가는 부대비용이 많이 필요한지라, 결혼식을 올리는 과정에 신경 쓸 일이 많았던 것 같다. 그래서 인륜지사 대사 중의 하나인 결혼을 하는 과정이 그리 손쉬운 일이 아님을 실감하게 되었다.

그런데 지뽕이는 흡족하게 혼수를 못 해줬는데도 불구하고 결혼식 내내 활짝 미소를 머금은 채, 행복한 신부의 모습이 어떻게 해야 하는지를 보여주었다. 한 가지 아쉬운 점은 지뽕이네 시댁과 우리가 서로 종교가 달라 결혼식 절차에 있어서 좀 마음이 힘들었는데, 상대방의 입장을 배려하고 양보하면서 열린 마음으로 화목하게 화촉을 밝힐 수 있어서 감사했다.

이제 십일월도 펑펑 내려 쌓인 첫눈에 밀려서 저 멀리 떠나가려 한다. 그러나 이 계절이 잠시 우리의 곁을 떠난다고 할지라도 내년에 다시 지뽕이의 일주년 결혼기념일을 축하해 주기 위해 어김없이 우리 곁에 찾아올 것이다. 십일월이 가는 길목에서 사랑하는 이들이 잠시 우리 곁을 떠나간다 해도 절대 실망하지 말아야 할 일이다. 모든 것은 순환의 질서 속에서 오고 가며, 그렇게 역사의 수레바퀴는 돌아가야 할 테니까 말이다.

그러하니, 좀 더 두 눈을 크게 뜨고, 두 귀를 쫑긋 세우고, 두 팔을 높이 들고, 가슴을 활짝 열고서 새로운 희망의 터전을 향해 힘차게 달려갈 일이다. 그 무엇에도 연연하지 않으며 모든 것을 내려놓고 꽃을 찾아 날아가는 나비처럼 자유로운 날갯짓을 해 볼 일이다.

올해 의미 있었던 날들을 기억하며 또한 잊어버려야 할 일들은 저기 저 강물에 모두 버리고 아직 오지 않은 내일의 신비로운 꿈을 꿀 일이다.

지난 시월에는 78학번 H 신학교 여자 동기들이 곱게 자란 딸들을 결혼시키게 되어, 축하하러 다녀왔다. 아마 아들보다 딸을 시집보내는 모든 어머니의 마음은 동병상련이리라. 우리 친구들 역시 딸을 빼앗긴 것이 아니라 아들을 하나 더 얻었다고 생각하면서도 애써 서운한 마음을 달래면서 속울음을 울었으리라.

오늘은 내가 시무하는 교회 성도의 딸이 결혼식을 하게 되어 아침 일찍 담임목사 내외와 성도들과 동내 지인들과 함께 인천을 향했다.

십일월의 끝자락인데도 결혼식장 내에는 이 홀 저 홀 결혼식에 참석한 인파들로 북적거렸다. 한 시간이나 일찍 당도한 우리 일행은 한쪽에 앉아 결혼식 시간을 기다렸다. 이윽고 우리 교회 담임 목사의 결혼 예식 집례로 결혼식이 시작되었다. 이윽고 K 목사의 주례 말씀이 시작되어 귀를 기울여 보았다.

"요즈음 갈수록 결혼 예식은 화려해집니다. 그러나 가정이란 울타리는 허약해지고 부실해져 갑니다. 영국속담에 '항해하러 나가려면 한 번 기도하고, 전쟁터에 나가려면 두 번 기도하고, 결혼을 하려면 세 번 기도하라'는 말이 있습니다. 이는 가정의 중요성과 결혼의 진지함을 의미하는 말이라 하겠습니다.

서로 기대감과 희망을 품고 결혼을 하지만 섬점 사랑이 식어가는 것을 봅니다. 좋아서 결혼해도 때로 갈등이 있고, 서로의 사랑을 비교하면서 서운한 마음이 생길 때도 있게 됩니다. 그러나 사랑이 깊이 뿌리내리고 자라가고 열매 맺어 갈 수 있도록 그 사랑의 열매를 소중히 여기고 수확할 수 있기를 바랍니다. 그래서 하나님의 사랑으로 세워지는 가정이 되길 바랍니다. 상대방의 사랑이 나의 사랑보다 부족하다고 생각하기보다는 도리어 나의 사랑이 부족하지는 않은지 돌아보며 사랑과 존경이 함께하는 행복한 가정을 이루길 바랍니다. 남편은 아내를 사랑하고 아내는 남편을 존경하며 그 사랑과 존경이 흐트러지지 않고 일가 친족에게까지 믿음의 본을 보이며 아름답게 세워지는 행복한 가정이 되길 바랍니다."

이렇게 K 목사는 신랑 신부가 평생 마음에 새기고 사랑의 길을 갈 수 있도록 귀한 말씀을 들려주셨다. 십일월의 신랑 신부에게 들려주신 소중한 주례자의 말씀을 음미해 보며, 우리 지뽕이처럼 싱글벙글 미소 짓는 아름다운 신부의 모습을 지그시 바라보았다.

이윽고 하얀 웨딩드레스를 입고 부케와 같은 미소를 머금고 선 신부를 향해서 신랑이 그의 친구들과 함께 경쾌한 음악에 맞추어 춤을 추며 신부에게 사랑을 표현하는 장면이 참 익살스러웠고 인상적이었다. 드디어 화려한 웨딩 음악이 온 홀에 가득 울려 퍼지자 신랑 신부의 웨딩마치가 시작되었다. 나는 두 사람이 함께 내딛는 발걸음이 찬란한 행복으로 이어지길 바라는 마음으로, 힘차게 축하의 박수를 보내주었다.

그리고서 나는 새 가정을 이룬 십일월의 신랑 신부들을 위하여, 이런 '축시'를 선물로 낭송해 주고 싶어졌다.

"주여! 꽃 피우는 기온으로 이들 실내 온도를 조절하시고
한여름의 더위만큼 이들의 사랑이 식지 않게 하소서.
낙엽이 지는 계절 낙엽의 반비례로 이 자리를 축복하시고
흰 눈이 내리는 계절 흰 눈이 쌓이는 만큼 사랑이 축적되게 하소서.
여기에 한 가정의 아름다운 이야기를 기록하시고
장미도 심고, 칸나도 심을 수 있는 꽃동산을 만드소서.
선악과를 만지기 이전 이브의 행복을 소유하게 하시고
이들의 낙원에 꿀벌을 날리시어 그때마다 향내 짙은
과즙이 흐르게 하소서.

후회 없는 마지막 삶을 오늘 이 자리에 내리시고
창공을 나는 비둘기처럼
자유와 행복을 누리게 하소서.
주여! 그러나 바라옵기는 이들의 삶의 영역이
하나님으로 제한하시어
이브의 두 번째 실수는 없게 하소서."

이 축시를 마음속으로 읊고 나니, 이 시의 구절과도 같은 간절한 염원을 담아 우리 부부가 큰딸 피로연 식장에서 축가로 '사랑의 종소리'를 정성껏 불렀던 생각이 난다. 우리 부부는 지윤이와 석빈이가 "서로 믿음과 소망과 사랑 안에서, 손잡고 가는 길"에 행복의 종소리가 가득하기를 바라면서 그렇게 두 손 모아 열창을 했다.

언제나 이들이 항상 같은 생각과 같은 마음으로 지혜롭게 살면서, 늘 행복의 통로가 되어 모두를 감싸주며, 선한 영향력을 끼치는 모범적인 가정을 이루기를 바라면서 말이다.

그날 오로지 믿음과 사랑만을 약속하는 신랑 신부를 위해 귀한 날에 축복의 걸음으로 함께 한 모든 하객의 가정 위에도 늘 푸른 평화와 사랑이 샘솟아 나기를 바라면서, 기쁜 성탄과 복된 대망의 새해를 맞이하고 싶다.

정민이와 에이미처럼

올가을 노란 은행잎이 휘날리던 어느 날, L 여사는 카톡으로 그녀의 아들 민이에 대한 신문 기사를 보내 주었다.

"금융맨→조정맨→스키맨으로 장애를 넘은 '무한도전' 장애인 겨울 체전 스타 이정민 초등생 때 하반신 마비, 희귀질환, 미국 유학 뒤 외국계 회사 다니다 예능프로 조정 특집에 꽂혀 퇴사 여름엔 물, 겨울에는 눈 위의 최강!"

현재 정민이는 연세대 국제대학원에 다니고 있고 지체 장애 3급이다. 초등학교 이 학년 때 길랭바레 증후군이라는 희귀질환을 앓은 것이 장애로 이어졌다. 민이는 신나게 뛰어놀다가 갑자기 주저앉았고 일 년을 누워만 있었다. 마비가 목까지 진행되면 죽는다던데 다행히 가슴 부위에서 멈췄다. 그 이후 이 년에 걸쳐서 마비가 풀렸지만, 무릎 밑으로는 낮지 않았다. 그러나 꾸준한 재활치료를 받으면서 불편한 몸으로 대전 만년고등학교 일 학년을 마치고 미국 유학을 떠났다. 그곳에서 고등학교를 마치고 명문 미시간 주립대에서 광고를 전공하고 현지 회사에 다니다가, 귀국해서 영국계 금융회사에 입사했다.

그러던 중 우연히 보게 된 한 TV 예능프로그램의 조정 특집은 민이에게 새로운 도전에 나서게 했다. 민이가 삼 년 동안 잘 다니던 회사를 그만두고 난데없이 조정을 하겠다고 하니, 그 말을 들은 민이 부모의 심정은 어떠했을까? 정민이의 말로는 아빠가 크게 화를 내셨고 사 개월 동안 한마디 말씀도 안 하셨다고 한다. 그렇지만 지금은 열심히 응원해 주신다고 한다.

왜냐하면 민이는 지난해 '장애인체육대회' 조정에서 금메달을 획득했기 때문이다. 민이는 조정에서 메달을 따냈는데, 겨울에도 꾸준히 운동할 방법을 고민하다가 조정과 움직이는 근육이 비슷하고 심폐기능이 중요한 크로스컨트리 스키에 눈을 돌린다.

그런데 민이가 이 스키에 입문한 지 이 개월도 채 안 되었는데 이 종목의 최강자가 된 것이다. 민이는 평창군 알펜시아리조트에서 열린 '전국장애인동계체육대회' 크로스컨트리 스키 남자 좌식 5km에서 21분 11초로 우승을 했고, 전날 2.5km에서도 금메달을 땄다. 이처럼 민이는 지체 장애를 딛고서 물과 눈을 오가며 장애인 체육의 스타로 떠오른 것이다.

　나는 민이가 어린 시절에 건강한 체력으로 씩씩하게 뛰어놀던 모습을 생생하게 기억하고 있다. 그렇게 건강했던 민이가 갑자기 하체에 마비가 와서 주저앉게 되어 집에서 누워서 지내던 모습이 안타까워 민이의 빠른 회복을 위해 기도를 많이 했었다. 그때 힘들어하던 민이와 함께 놀아주고 도와줬던 우리 지윤이의 모습도 떠오른다.

　정민이 어머니는 자식 사랑이 각별한 여인이다. 자식을 위해서라면 무엇이든 서슴지 않았고, 자신의 꿈도 비전도 내려놓고 오직 자녀들의 튼실한 미래를 위해 온갖 정성을 쏟은 특별한 모성애를 지닌 여인이었다. 그녀의 자식에 대한 지극한 사랑과 열정이 아들 민이를 장애인체육의 스타로 태어나게 한 것이다. 그처럼 그녀가 자녀를 위해 오롯이 한 알의 밀알로써 자신을 희생한 까닭에 오늘과 같은 가슴 벅찬 기쁨의 순간을 맞이한 것이리라.

　이렇듯 한 어머니의 지극한 사랑과 격려가 이뤄낸 민이의 자랑스러운 모습을 떠올려보면서, 아무리 신체가 건강해도 심약하고 쉽게 자포자기하는 사람은 인생의 실패자가 될 수밖에 없다는 결론을 내리게 되었다. 하지만 아무리 신체가 불편해도 민이처럼 마음이 강인하고 쉽게 포기하지 않는 사람은 결국 인생의 성공자가 될 수 있다는 것을 깨닫게 되었다.

　우리가 사는 이 지구촌에는 말로 다 표현할 수 없는 역경과 고난 속에서 절망하며 어둠 속을 방황하는 이들이 많을 것이다. 그러나 민이보다 더 극심한 장애를 입고서도 결코 희망의 끈을 놓지 않고 삶을 치열하게 살아낸 여인이 있다.

그녀의 이름은 에이미 멀린스! 그녀는 아름다운 외모와 눈에 띄는 자신감을 소유한 육상선수이자 모델, 그리고 영화배우로까지 활동했다. 하지만 그녀는 남과 다른 부분이 있는데, 그것은 바로 두 다리가 없다는 것이다. 에이미는 선천적으로 종아리뼈 없이 태어나서 다른 사람 도움 없이는 살지도 못할 것이라는 의사의 진단을 받게 되고, 결국 한 살 때에 두 다리를 절단했다. 그렇지만 그녀는 삶 자체가 절망이라 불릴 수 있는 순간에도, 결코 명랑함을 잃지 않고, 두 의족으로 걷고 또 뛰었다. 결국 에이미는 미국대학 스포츠 연맹(NCAA)이 주최한, 비장애인 육상대회에 출전하여, 1996년 애틀랜타 패럴림픽 육상 부문에서 세계 신기록을 세웠다. 또한 에이미는 지방시 수석 디자이너 '알렉산더 맥퀸 패션쇼' 모델로 활동하며, '피플지'가 선정한 〈세계에서 가장 아름다운 50인〉으로 이름을 떨치게 되었다. 에이미는 의족만으로 해내기 어려운 일들을 이루어냈고, 그녀의 화려한 타이틀에 사람들은 궁금해했다. 그러한 그녀에게 누군가 이런 질문을 한다.

"역경을 이겨내고 성공할 수 있었던 비결은 무엇입니까?"
에이미는 이렇게 대답한다.

"역경이나 장애를 극복한다는 것은
저와는 맞지 않는 말입니다.
역경은 삶을 유지하기 위해 피하거나,
부정하거나 넘어서야 하는 장애물이 아닙니다.
역경이야말로 우리의 자아와 능력을 일깨우고
우리 자신에게 선물을 가져다주기 때문이죠.
제 생각에 진짜 장애는 억눌린 마음입니다.
억눌려서 아무런 희망도 없는 마음이에요.'

이렇게 대답한, 에이미 멀린스는 사람들이 "장애를 극복했다."라고 말할 때, 그녀는 "잠재력을 끌어냈다."라고 말했다.

그렇다. 우리가 아무리 신체적으로 정신적으로 환경적으로 불리한 여건과 상황에 놓여 있을지라도, 무궁무진한 잠재력을 끌어내는 능동적이고 창조적이고 진취적인 도전의 삶으로 나아가고자 할 때에, 하나님은 우리에게 넘지 못할 산을 오르게 하고 뛰어넘지 못할 높은 담도 능히 뛰어 넘을 수 있는 힘과 지혜를 주시리라.

인생의 승리자요 스타인 정민이와 에이미처럼 인생의 어두운 터널을 뚫고 나갈 수 있는 굳센 투지와 용기와 열정으로 위대한 삶의 승전고를 써 내려가야 하리라.

멋쟁이 최 소장님

제법 쌀쌀해진 겨울 밤바람이 지친 몸을 움츠러들게 한다. 그이와 함께 수요 예배를 마치고 돌아오는 길에 잠시 파출소에 들렀다.

산뜻하고 정숙한 느낌을 주는 파출소에 들어서니 그이와 안면이 있는 최 소장이 반갑게 맞아 주었다. 그리 넓지 않은 실내에는 씩씩한 경찰들이 둘러서서 정담을 나누고 있었다.

우리 앞에 마주 앉은 그를 처음 본 순간, 봉사심이 몸에 밴 매우 선량하신 분인 것을 쉽게 느낄 수 있었다. 우리 부부를 친절하게 맞이해 주는 그와 진지하게 담소를 나누었다. 그와 대화를 나누다 보니 그는 자신보다 이웃과 시민의 공익과 공공질서를 위해 나라 사랑을 몸소 실천하시는 것을 삶의 제일 되는 보람과 즐거움으로 삼고 있음을 엿볼 수 있었다. 그가 스크랩해 놓은 자료들을 두루 살펴보며 그의 삶의 모습과 행적을 직접 대해보니 마음이 더욱 훈훈해졌다.

얼마 전에 최 소장은 "아주 가난한 해녀의 아들이 모 대학에 다니던 중 강도질을 해서 감옥에 넣게 되었는데, 그 학생의 장래가 매우 염려가 되어 친히 탄원서를 쓰는 등 각 방면으로 애를 쓴 덕분에 다시 그 학생이 보석으로 출소해서 건전하게 생활하고 있다"라며 아주 진지하게 그 사건의 전말을 들려주었다.

그 이야기를 듣고 보니 그는 참으로 인정 많고 자애로우며 사려가 깊은 분이란 것을 실감하게 되었다.

우리 부부가 감탄하자, 그는 얼굴에 환한 미소를 빙그레 지으며 "장애우들과 그의 투철한 봉사 정신에 시민들을 위하여 파출소 내의 화장실을 쾌적한 공간으로 꾸미고 개방해 놓았다"라며 즐거워했다. 그 말을 듣고 나니 또 한 번 그 분의 섬세한 배려에 나도 덩달아 즐거웠다.

잠시 후에 나는 최 소장이 시민을 위해 개방한 파출소 내의 화장실 문을 조심스럽게 열어 보았다. 그 순간 나의 두 눈은 화장실의 세면대 벽 위에 앙증맞게 걸려 있는 소형 액자 속의 글귀에 머물렀다.

"父不憂心因子孝
夫無煩惱是妻賢
言多語失皆因酒
義斷親疎只爲錢"

아버지가 근심하지 않는 것은
아들이 효성스럽기 때문이고
남편이 번뇌가 없는 것은 아내가
어질기 때문이다.
말이 많아 실수하는 것은 다 술 때문이고
의가 끊어지는 것은 단지 돈 때문이다.
-명심보감 성심 편-

이 글귀를 반복해서 여러 번 읊어 보며 나 자신에게 되물어 보았다.

부모를 근심시키지 않는 효성스러운 자녀이었는지
남편을 번뇌케 하지 않는 어진 아내이었는가
솔선수범하기보다는 말만 앞세우지는 않았는지
의리보다 더 돈을 소중히 여기며 살아왔는지.

비록 짧은 글에 불과했으나 인생을 어떻게 살아야 할지를 일깨워 준 금과옥조(條)와도 같은 소중하고 보배로운 선물이 되어 주었다.
아마 "명심보감 성심 편"의 이 글귀는 최 소장이 아끼는 구절인 것 같다. 늘 그 글을 보는 이들에게 자녀와 부부로서의 도리와 사회생활과 인간관계에서의 예절을 돌아 보게 하는 소중한 덕목이 되어 주길 바랐던 모양이다.

　다급한 시민을 위해 파출소 내의 화장실을 쾌적하게 꾸미고, 세면대 벽 위에 소형 액자를 걸어 놓은 최 소장의 따뜻한 배려, 그 섬세한 손길에 큰 감동을 받고, 우리 부부는 집으로 돌아왔다.

　우리가 사는 사회에 최 소장처럼 이웃을 먼저 생각하며 도와주고 제 몸을 아끼지 않고 봉사하며 선한 일에 힘쓰는 이들이 날로 많아진다면, 더욱 우리의 삶이 밝고 따뜻하며 살기 좋은 세상이 될 것이니 우리도 그렇게 살아보자며, 우리는 서로 얼굴을 마주 보고 웃었다.

달빛내리는 월출산을 나도 말하리

바위가 신비로워 '영암'이요 달을 제일 먼저 맞이하여 '월출'이라!

지금껏 말로만 들어 보았던 월출산! 그래서인지 꼭 한번 가보고 싶었던 월출산이다.

늘 시간에 쫓겨 살다 보니 산행을 잘하는 편은 아니었지만, 왠지 산이 좋았고 특히나 월출산은 예전부터 한 번쯤은 꼭 올라가 보고 싶은 산이었다. 그 월출산을 향해 개천절날, 내가 출석하고 있는 S 교회의 할렐루야 찬양대 주최로 유년부· 중고등부 교사들과 함께 관광버스에 몸을 실었다.

학창 시절에 소풍 가는 날을 기다렸던 마음으로 맞이한 산행이어서 그런지 가는 길이 짧게만 느껴졌다.

서해안고속도로를 단숨에 달려서 도착한 월출산이지만 "금강산도 식후경"이라고 우선 우리는 짐을 푼 후에 산행 전 준비해 온 점심을 옹기종기 둘러앉아 맛있게 먹고 산행을 서둘렀다.

우린 '월출산을 이야기할 때 빼놓을 수 없는 것이 있다면 바위 경관과 함께 끝없이 펼쳐진 억새밭이 아니고 무엇이겠느냐'라며 둘 셋씩 짝을 지어 월출산의 억새밭을 향해 걸음을 옮기기 시작했다. 서로 도란도란하며 오르던 산길이 어느새 혼자 겨우 걸을 수 있을 정도로 좁고 울창해져서, 나는 앞서거니 뒤서거니 하며 경사져 가파른 길로 들어섰다.

산에 오면 늘 제일 먼저 앞장서던 그이가 이번에도 앞만 보고 계속 오르고 있었고 그 뒤를 S 장로님이 열심히 뒤 따르고 있었다.

월출산의 가을 하늘은 유난스레 맑았고 시원한 바람은 선선한 데다가 눈앞에 보이는 야트막한 산새는 단숨에 뛰어 올라가고 싶은 충동을 불러일으켜 주었다.

또 월출산엔 웬 바위가 그렇게 많은지 이름 모를 등산객들이 오르고 내리는 산길엔 크고 작은 바위가 계단을 이루고 있었는데 거친 바위 표면 사이를 비집고 이끼들이 자리를 잡고 있는 것 또한 인상적이었다.

월출산의 산세는 한반도 산맥의 중심축인 태백산맥에서 분기한 소백산맥의 한 줄기가 한반도 서남해안 인근 평지에서 우뚝 돌출된 급경사의 바위산이라 한다. 이 바위산은 거대한 돔 형상으로 돌출된 암봉과 풍화와 절리 현상으로 빚어진 기암괴석들로 병풍처럼 둘러싸여 있었다.

월출산은 아름답기로는 "마치 금강산을 연상케 한다고 하여 "소금강"이라 불릴 만큼 자연 경관이 수려하고 독특한 산악공원으로 알려졌지 아니하던가 참으로 절경은 절경이었다. 신비로운 바위 경관과 끝없이 펼쳐진 억새밭이며, 봄에는 진달래와 벚꽃, 여름에는 청풍명월이 있어 좋고, 겨울엔 빼어난 설경을 볼 수 있어 계절별로 고유의 색과 이야기가 있는 아름다운 곳이 아니런가.

하지만, 이 가을엔 은빛 물결로 출렁이는 억새가 있기에 그 억새밭을 보기 위해 무거운 발걸음을 애써서 달래보며, 인내 지수를 높여가며 가파른 길을 억척스럽게 올라온 것이리라. 구슬땀을 흘리며 오르고 또 오른들 더 멀리 있어 아득하게만 여겨지던 월출산의 억새밭!

무척 힘에 겹긴 했지만, 월출산행이 이토록 즐거운 이유는 아마도 산세의 아름다움 덕분이 아니고 그 무엇이란 말인가. 그런데 나 홀로 자연 경관에 넋을 잃고 있었던 게 잘못이었을까.

그이의 자주색 등산 조끼를 입은 뒷모습이 보이지 않는다. 이곳은 등산로가 아님'이라고 적힌 푯말이 없었다면 우거진 녹음 사이로 혼자 헤맬 수도 있겠다는 두려움으로 잠시 마음이 서늘해 짐을 느꼈다.

이미 S 장로를 뒤로 한지도 꽤 되었고, 내 앞을 빠른 걸음으로 지나치신 전도사의 뒷모습도 멀어진 지 오래되었기 때문이다. 이따금 산행을 하고 내려오는 젊은이들이 씩씩한 모습으로 나를 마주 보며 "수고하십니다"라고 큰 목소리로 격려를 해 주며 지나치곤 했다. 서로 오가며 마주칠 때 비록 낯설지만 미소 띤 해맑은 얼굴로 던져 주는 따뜻한 말 한마디가 큰 위안과 용기가 되어 주었음을 그때 새삼 느꼈다.

어쨌든 앞서가 버린 야속한 그이의 뒷모습을 쫓아 나무 지팡이를 부여잡고 바위를 짚어가며 힘든지도 모르는 듯 오직 전진만 했다. 아마도 이렇게 월출산에 오르게 된 원동력은 나무 지팡이의 도움도 도움이었지만 집 뒤에 있는 점방산과 설림산을 가끔 오르내린 덕분이었을 것이다.

지팡이는 내 키보다는 조금 작았지만, 두께가 좀 굵고 무게도 좀 나갔기 때문에 손으로 잡기엔 약간의 무리가 있었지만 경사진 험한 산을 오르는 데엔 큰 도움이 되어 주었다.

지팡이를 짚고 오르다 보니 부모를 따라나선 네 살박이 소년과 두어 살 위로 보이는 어린 소녀가 즐거운 모습으로 내려오고 있었다. 이런 휴일에 가족들이 산행을 즐기면서 가족애를 든든히 하며 건강한 삶을 엮어가는 것보다 더 멋있는 놀이는 또 무엇이 있을까.

억새밭이 가까워진 모양이다. 내 키보다 큰 억새들이 우거져 늘어선 길 양옆으로 늘어진 곳을 지나 억새밭에 이르렀다. 억새꽃은 가을의 따갑고도 해맑은 햇살 아래로 눈이 부셨다.

억새꽃이 광활한 산허리를 뒤덮어 장관을 이룬 억새밭'은 도선국사가 창건한 도갑사와 무유사로 내려가는 갈림길인 미왕재에 자리 잡고 있었다. 이 억새밭은 우리나라에서 이름있는 억새밭 중의 하나로 속칭 갈대밭'이라고 부르기도 하며 억새꽃이 활짝 핀 가을이면 황홀한 절경을 이뤄 연인들의 사랑과 낭만이 넘치는 촬영의 현장이라고 한다.

그 억새밭을 지나 높은 바위를 올려다보니 이름 모를 사람들 틈에 그이가 전도사와 나란히 앉아 드넓은 월출 산하를 둘러보고 있었다.

억새밭에서 바라본 산하는 굽이굽이 기암들이 안겨 주는 신비한 멋에 휘감긴 산천초목이 어우러져 나로하여금 탄성을 지르게 하였다. 나를 바라보며 "당신이 삼 등이라며" 즐거운 표정 지은 그는 내심 내 의지력에 놀란 모양이다.

잠시 바위에 앉아 쉬다가 올라온 장로님 일행들과 모여 함께 J 사장이 찍어 주는 사진기 앞에서 온갖 포즈를 다 취해 본 그 기분!

오! 행복, 행복하여라! 월출산에 오른 이내 마음이여!

오! 우리네 삶은 진정 아름다와라. 하나님의 세계와 그 지으신 솜씨는 더욱 아름다워라!! 라는 감탄사를 연발하게 했다.

모두 월출산으로 인해 즐거움에 취해 있을때 세 번째 팀으로 목사 내외분과 하늘이를 목마하고 올라온 C 집사 내외와 오르간 반주를 잘하는 G 집사가 억새밭에 당도한 것이 아닌

가. 그 광경을 바라본 순간 나는 엔도르핀이 솟구쳐 오름을 느꼈다. 칠순을 바라보는 목사가 튼실한 지팡이를 손에 쥐고 억새밭 산등성이까지 올랐기 때문이다. 그가 평생 처음으로 이렇게 높은 산에 오르신 것은 억새밭을 보기 위함이라며 흐뭇하게 미소 지었다.

여기저기 억새밭에서 등산객들이 사진을 찍는 것을 보니 나도 슬그머니 욕심이 생겼다. 나는 억지로 남편의 손을 잡아 함께 억새밭에 들어가 J 사장의 주문대로 가장 다정다감한 모습(뽀뽀 씬)으로 사진기 앞에서 자세를 취해 보았다.

자연스러운 자세를 포착하기 위함이었는지 순식간에 사진기의 셔터는 눌렸고 우리는 어색한 나머지 폭소를 터트렸다. 한 모금의 물을 얻어 마시고 서서히 하산하며서 나는 월출산에 오기를 참 잘했다고 생각했다.

약 칠백 여종이 넘는 식물과 팔백 여종이 넘는 동물이 산다는 월출산에 와서 짧게나마 자연을 관찰하고 나무들의 이름을 하나둘씩 알아보며 생태계에 관심을 둘 수 있어서 좋았다.

내가 월출산을 오르내리며 보았던 나무들은 물오리나무, 개암나무, 사람주나무, 윤노리나무와 개벚나무며 상수리나무와 참나무, 산뽕나무, 느티나무 또 신갈나무, 떡갈나무, 갈참나무, 졸참나무 등등. 이곳엔 수많은 나무가 빽빽하고 우람하게 둘러서 있었고, 온갖 이름 모를 동식물들과 야생화들이 지천을 이루고 있었다.

마침, 청솔모인지 다람쥐인지, 어디론가 쏜살같이 사라진다. 해는 뉘엿뉘엿 서산으로 가고 주위에 어두움이 사뿐사뿐 내려앉기 시작했다. 아직도 어둑해진 계곡에선 어린 사내아이들이 물장구치는 소리가 시원한 계곡물 소리와 어우러져 삶의 환희를 더 해 주었다.

 짧은 순간의 기쁨과 보람을 위해 얼마나 많은 인내로 다져 가야 하는 나날이었던가. 아마 이 밤에도 월출산엔 달이 먼저 떠올라, 우리네 어두운 인생길을 영원히 비춰줄 밤의 여왕으로 존재할 것이다.

 이제 달빛이 교교히 흐르는 월출산의 고요한 밤의 정경을 그려보며 늘 '싱싱하고 푸르며 아름답기 그지없다'라는 김연준 작사·작곡의 〈청산에 살리라〉를 고운 목소리로 노래해 본다.

불굴의 사나이

옳은 길을 갈 뿐이다

어렵게 재 입사한 지 일 년 만에 또 직장을 잃고 거리로 쫓겨나 곤고한 사나이!

오늘도 한결같은 칠전팔기의 신념으로 오롯이 하늘을 우러르는 한 남자의 모습을 본다.

그인들 어찌 어린 자녀들을 양육해야 할 물질에 대한 걱정을 피할 수 있겠는가. 그러나 백절불굴의 그는 결코 타협할 수 없는 악의 축과의 대결 앞에서 공의로우신 하나님이 반드시 살아계신다는 신앙심으로 버티고 있다.

몹시 어려운 처지인지라 그를 염려하는 이들은 "어떻게 살아가려고 그러느냐. 아이들을 생각해서라도 적당히… 굴복해 버리고서 안주할 것을 종용한다. 그렇지만 그는 "생명으로 인도하는 문은 좁고 그 길이 협착하여 찾는 이가 적다"라는 예수의 말씀에 힘입어 흑암 속에 꺼져가는 미미한 불씨를 지피어 의로운 소시민들의 편에 살 것을 선택한 것이다.

당연히 학교법인이 소송 끝에 바뀌었으니 이전 재단의 학장은 떠나고 현 재단의 공로자는 소신껏 학생들을 위해 교수를 해야 옳을 텐데. 결국 명의신탁된 겉껍질만 떨어져 나간 셈이 되었고, 현 재단의 무분별한 이사들의 손에 의해 재임명을 받은 학장에 의해 또다시 그는 강단에 선 지 일 년 만에 해임되었다. 진정 법 앞에서 만인이 평등할진대, 불의에 대한 엄중한 심판과 선량한 약자에 대한 보살핌이 판가름 나 사필귀정의 도가 만천하에 명명백백하게 천명되어야 하련만. 돈과 권력 앞에서 공권력의 실추는 이제와 오늘의 일이 아니라는 것을 실감해야 하는 참담한 현실 속에서 그 언제까지 개탄만을 하고 있으리오.

가까운 날에 그가 투지로 현재 고난의 터널을 잘 헤쳐 나왔었노라며 그 신앙심의 승리에 뜨거운 박수갈채를 나누게 된다면 얼마나 좋을까.

"지윤이 아빠! 당신이 이렇듯 어려운 일을 꼭 해 낼 수 있다고 확신하나요?"

"그~럼, 진실은 꼭 밝혀져야 하고 정의는 반드시 승리해야 하거든…"

가끔 '승산이 전혀 없어 보이는 불투명하고 피곤한 싸움을 제발 그만두자'라고 그에게 권하며 주어진 현실을 쉽게 받아들이고 싶을 때가 많았다.

그때마다 그는 "나는 승산만을 위해서 투쟁하지 않는다. 그 길이 옳은 길이기 때문에 갈 뿐이며 누군가는 반드시 가야 할 길이다."라며 내 말을 일축해 버리곤 했다.

애초에 그와 나는 아무런 조건 없이 사랑과 신뢰만으로 출발한 삶이 아니었던가. 첫 만남으로부터 이십여 년이 흐른 지금에 이르기까지 그의 청렴결백한 사람됨과 드높은 이상과 도덕심, 대학에 대한 애교심은 변함이 없다.

그는 뿌리 깊어 늘 청청한 거목이 지닌 굳센 신념이란 옷을 입고 매난국죽의 청심 어린 의지와 용기로 뭉쳐진 선비 중의 선비로 살고 싶은 모양이다.

이처럼 강인해 보이는 불굴의 사나이도 금력에 의해 불법이 정의로운 것으로 탈바꿈되는 암담한 현실에 손을 쓰지 못하고 침통해하고 있을 따름이니.

우리가 사는 세상이 언제쯤이면 법 앞에 약자도 참 자유와 평등을 누리며 사람답게 사는 날이 오려나.

그 언젠가 불굴의 사나이에게도 청운을 이루는 날이 도래하여 그가 그렇게 소원하던 대로 큰 일을 행하고 늘 염려하며 힘과 위로가 되어 주었던 이들과 함께 승리의 기쁨을 나누게 되리라고 나는 확신해 본다.

오늘은 가장 행복한 날입니다

근육이 굳어가는 우진이를 둔 부모는 이렇게 말합니다.
"오늘보다 더 행복한 날을 기대할 수 있을까요…?"
하루하루 이 세상과 멀어져 가는, 병든 아들을 둔 우진이 부모는 말합니다.
"바로 오늘, 아들과 함께하는 오늘 이 시간이 가장 행복하다."
라고 말입니다.
십구 년째, 근육 무력증으로 고통스러워하는 아들을 간호하는 우진이 부모의 모습을 바라보니 마음이 아픕니다. 우진이는 스스로 호흡하는 것마저도 어려워서 산소 호흡기를 끼고 자야 합니다.
이런 아들이 편안한 자세로 잘 수 있도록, 여러 해 동안 깊은 잠 한 번 제대로 자지 못하고, 수시로 일어나서 아들의 몸을 이리저리 옮겨주는 어머니의 모습이 애달프기만 합니다.

그렇게 잠을 설친 몸에 졸린 두 눈으로, 병든 아들을 병실에 홀로 놓고 새벽 청소에 나가며 불안해하는, 우진이 어머니의 모습을 보니 더욱 마음이 무거워집니다.

그렇게 새벽 청소를 마치고 돌아온 우진이 어머니는 아들의 코에서 산소 호흡기를 떼어 주며, 머리가 아프다는 아들의 머리카락을 살살 쓰다듬어 줍니다.

어떤 어머니가 그렇게 편안한 얼굴로 시종일관 아들에 대한 따뜻한 마음과 사랑의 손길로 간호해 줄 수 있을까요? 그래서인지 우진이의 표정이 마냥 밝기만 합니다.

두 모자는 얼굴에 환한 미소를 머금고서, 서로를 바라보며 "오늘은 가장 행복한 날이어야 한다"고 다짐하는 것입니다.

우진이 어머니는 "오늘이 가장 좋고 오늘이 가장 즐겁고 가장 행복한 날"이라고 힘주어 외칩니다. 왜냐하면 그들에게는 오늘보다 더 나은 내일이 보장되지 않은 까닭인 모양입니다.

우진이 부모는 굳어가는 아들의 몸을 재활 치료해 줄 여력이 없어서, 그저 아들을 미안한 마음으로 바라봅니다. 잠시 이렇게 딱한 처지에 놓인 우진에게 누군가 도움의 손길을 펼쳐 주었으면 좋겠다고 생각했습니다. 다행히도 우진이에게 어린이 재단을 통해 재활할 기회가 주어지게 되었습니다.

수년 동안 어머니의 도움을 받으며 낡은 침대 생활을 했던 우진이는, 자유자재로 앉고 누울 수 있는 전동침대도 선물로 받게 되었습니다. 드디어 우진이는 부모님들과 함께 병원에 가서 더 나빠지지 않도록 재활치료를 받게 된 것입니다.

겨우 손가락만을 움직여 유일하게 노트북을 클릭하며 지내야 했던 우진이가 '소녀시대'의 공연을 보면서, 입술을 움직여 노래 부르며 환하게 웃고 즐거워합니다.

이렇게 우진이의 모습을 보면서 이런저런 생각을 해봅니다. 온갖 질병과 어려운 문제와 장애로 인해 힘들어하며 절망하고 있을, 이 땅의 청소년들이 떠오릅니다. 그들이 하늘의 별 같은 푸른 희망을 만났으면 좋겠습니다. 부디 그들이 부질없는 방황을 그치고, 보다 나은 미래를 향해 힘껏 도약하고 비상할 수 있기를 소망해 봅니다.

오늘을 행복하게 사는 사람은, 분명히 내일을 행복하게 살 것이기 때문입니다.

저는 네 남매를 두었습니다. 어떤 친구는 제 아이들이 저절로 컸다고 말한 적이 있습니다. 늘 저는 바쁘게 살아야 했기 때문에, 아이들을 양육하고 교육하는 일에 전념하지 못했습니다. 그러나 아이들은 착하고 의젓하게 잘 자라 주었습니다.

어느덧 막둥이 아들이 청년이 되어, 군에 입대한 지 1년이 훨씬 넘었습니다. 누구보다도 씩씩하고 의연한 아들 세윤이가, 건강하게 군복무에 충실하며 군인으로서의 사명을 다했으면 좋겠습니다.

무엇보다도 아들이 남은 군 생활을 행복하게 했으면 합니다. 자주 면회 갈 수 없어 친밀한 모자의 정을 나눌 수 없어 아쉽지만, 아들이 자신의 인생과 삶의 목표와 세상에 대해서, 많은 깨우침의 시간을 가졌으면 좋겠습니다.

그리고 세윤이가 항상 밝게 웃으며, 남을 배려할 줄 아는 사람이 되었으면 좋겠습니다. 그래서 저 멀리 있는 복도 찾아오게 만드는 그런 사람이 되었으면 좋겠습니다.

이제 저는 네 남매에게 못다 한 사랑을 되돌아보며, 우진이 부모의 아들에 대한 지극한 사랑과 헌신을 언제까지나 기억하고 싶습니다.

또한 내 자녀뿐만 아니라 남의 자녀도 마치 내 자녀처럼 잘 대해 주고 싶습니다. 이 땅의 모든 아들과 딸들이 살기에 훈훈한 사회가 되기를 바라는 마음이 있기 때문입니다.

오늘도 어제처럼, 너나 할 것 없이 행복한 삶을 향하여 뛰고 있는 것을 봅니다. 저마다 따가운 햇살과 차가운 바람을 마주하며 성실한 몸짓으로 아름다운 결실의 날을 향해 나아가고 있습니다. 이렇게 부지런한 꿀벌처럼 움직이는 사람들은 분명히 항상 넉넉하고 풍성한 삶을 누리게 될 것입니다

어제 그렇게 살고 싶어 했던 이들이 그렇게 간절히 바랐던 오늘, 그 오늘이 가장 아름다운 날이랍니다.

바로 오늘이 가장 좋고, 가장 즐겁고 가장 행복한 최고의 날임을 외치고 싶습니다. 오늘보다 더 행복한 내일을 향해, 우리 함께 손에 손을 잡고 당당하게 나아가야겠습니다.

늦깎이

나의 하루는 네 아이들의 재잘거리는 소리와 함께 시작된다. 한 날 한 날이 남편과 아이들 시중에, 끝 모를 집안일들에 나의 육신은 지칠 대로 지쳐 있다. 항상 나의 영역은 단순노동을 반복해야만 하는 부엌데기였다.

첫 아이를 가졌을 때 '학업에 대한 열망의 씨앗이 싹텄었는데, 난 그만 딸아이를 셋이나 낳게 되었다.

내 마음속에서 자라온 그 사과나무는 꽃을 피우기 시작했으나, 난 순리대로 넷째 아이를 낳았다. 다행스럽게도 고추를 달고 나와 주었기에, 난 용기를 내어 그에게 말했다.

"세윤이 아빠! 나 대학에 가고 싶어요. 공부하고 싶어요. 소원이에요……"

그는 내게 "그렇게 하고 싶으면 해봐. 하지만 안될걸……"

반승낙을 받은 나는 뛸 듯이 기뻤다.

그가 했던 말이 내 귓가를 맴돌았다.

"체! 안될 거라구. 내가 꼭 되게 하고 말 거야. 열심히 공부해야……"

나는 91년 5월 하순쯤에 대성 학원에 등록했다. 그리고 8월에는 실기(성악) 교습을 받기 시작했다. 하늘은 노력하는 사람과 함께 해 주리라는 신념으로 주부 학생은 시간을 쪼개어 공부했다. 학원에서 돌아오면 꼬마들 피아노 가르치랴, 집안일하랴, 나의 몸은 쇠약해질 수밖에 없었다.

쏜살같이 날아간 몇 개월! 추운 겨울과 함께 학력고사 시험 날이 다가오고 있었다. 이 땅의 모든 수험생이 경험해야 하는 뼈를 깎는 듯한 불안과 초조와 떨림이 엄습해 왔다. 어쨌든 나로서는 '최선을 다할 수 없으니, 차선이라도 다하자.'라는 각오로 한 달간 아침 금식 기도를 드리면서 공부했다. 그 결과 합격의 관문을 통과!

현재 군산 대학에 다니고 있다. 이 모든 과정에 음으로 양으로 뒷바라지해 주는 '믿음직한 학부모'인 그이에게 고마운 마음뿐이다.

우리 식구는 아침이면 손과 발동작이 빨라진다. 급히 식사를 마치면 그는 나를 학교까지 태워다 주고, 세 아이들을 Y 어린이집에 맡기고, 그의 학교에 출근하기 때문이다.

이 세상에서 그이처럼 너그럽고 사려 깊으며 자상한 아이들의 아빠요, 남편 된 소양을 지닌 사람들이 몇이나 될까?

내일, 모레에는 중간고사 시험을 치르게 된다. 그는 산더

미처럼 쌓인 빨랫감을 보고는 "내가 빨래해 줄 테니까, 당신! 공부해"라고 말했다.

그의 마음 써줌에 나는 감격하곤 한다.

유형의 물질 풍요함보다 무형의 정신세계 풍요함을 더 소중히 여기는 그에게 답례하기 위해, '늦깎이' 학생은 학문 연찬에 진력하길 원한다. 한 개인이나 한 사회가 배움의 의욕이 왕성할 때 새로운 발전의 가능성이 컸다고 한다. 새로운 향상의 길을 틔우려고 고난의 길에 뛰어든 나의 학창 시절!

학문을 배우고 연구하며, 실지로 경험하여 보고 몸소 행동에 옮겨도 보는 이 상아탑 속에서의 인생관과 세계관!

진리의 탐구를 위한 정열에 의하여 맑게 빛나는 눈동자, 무한한 가능성을 향해 타오르는 밝고 뛰어난 지성!

내 배움의 과정과 그 끝은 다함이 없다. 매 순간 '무지'를 깨우치고, 삶의 지식과 지혜를 일깨워서 느끼는 희열에 만족한다.

착하고 순박한 나의 어린 자녀들에게도 꼭 필요한 엄마로서 함께하고 싶다. 늘 책과 가까이하며, 같이 노래하며, 음악을 공부하는 엄마, 글을 쓰는 엄마, 불우한 청소년들을 돌아보는 엄마로 말이다.

나의 삶의 푸른 잔디밭에 슈베르트의 세레나데가 울려 퍼진다. 그 옆엔 주렁주렁 탐스럽게 열린 사과가 열두 광주리도 넘게 담아 있다. 맑고 깨끗한 시냇가에 앉아서 나누는 대화가 정겹기만 하다.

　나의 아이들과 함께……

　나의 소망이 이루어지는 그날이 오면 나는 소리 높여 그분의 행사를 찬양하리라.

　"주(主)여! 나의 잔이 넘치나이다."

테니스

하나, 둘, 셋, 넷! 둘, 둘, 셋, 넷!

체육복 차림의 테니스 선수들이 줄을 지어 힘차게 달리고 있다. 한 선수의 우렁찬 구령에 맞춰서 같은 동작으로 몸을 푸는 모습들이 시원함을 더해 준다. 테니스장 둘레에는 휘이휘이 늘어진 수양버들과 미루나무들이 푸르름을 듬뿍듬뿍 발산하고 있다.

햇볕은 따갑게 내리쬐건만, 하얀색 티셔츠와 반바지 차림으로 연두색 공을 받아 치는 모습들이 나의 마음을 사로잡는다.

천성적으로 운동을 좋아하는 내가 테니스에 대해 진지하게 관심을 두게 된 것은 스물이 조금 넘었을 때부터였다. 그 당시 나는 웬 총각과 데이트하던 중에, 어느 날 그에게 나는 '테니스 라켓'을 선물 받았다.

우리의 만남은 테니스 연습이라는 구실로 인해 지속되었

다. 결국 우리는 테니스 운동을 통해 더욱 친밀해 짐으로 인생의 동반자로까지 골인하게 된 것이다. 이러한 이유 때문인지 테니스라는 운동은 나의 다정다감한 벗으로 항상 내 곁에 함께 하며 나의 귀여움을 받고 있다.

이 테니스는 나와 십여 년 이상을 같이 해 온 가족으로서, 우리들의 뜨거웠던 사랑과 추억의 옛 구름다리로 이끌어 주는 믿음직한 벗으로 함께 하고 있다.

내가 테니스 라켓을 잡은 지는 꽤 오래되었으나, 능수능란하게 솜씨를 발휘하진 못하고 있다. 꾸준히 연습할 기회나, 한 주일에 한 날이라도 연습할 시간을 내기가 그리 쉽지 않기 때문이다. 나는 이러한 아쉬움과 부족한 연습을 채우기 위해, 이번 2학기엔 자유 선택 과목으로 테니스를 선택했다. 한 주일에 두 시간씩 테니스 수업을 받게 되었는데, 내게는 이 시간이 참으로 소중한 순간이다.

'테니스'를 하는 시간은 행복하다.

매력이 넘치는 테니스 운동은 나의 삶에 활력소가 되어 준다. 가끔 주말이면 시간을 내어 남편과 함께 테니스를 칠 때면 감개무량해진다. 구슬땀을 흘리며, 공을 받아 치기 위해 뛰는 나의 모습은 흥에 겨워 덩실덩실 춤을 추는 소녀로 화한다.

복잡다단한 현대를 살아가는 사람들은 운동으로 스트레스를 해소하는 방편으로 삼기도 한다. 그 스트레스 해소 방법이 다양한 것도 사실이다. 쉽게는 춤이나, 술과 담배로, 도박으로 삶을 낭비하는가 하면, 다르게는 수영, 볼링, 에어로빅, 원예, 꽃꽂이, 등공예, 서예 등……

여러 가지 운동과 취미 생활을 통해 삶을 충족시켜 나가고 있다.

다행히도 내게는 에어로빅하지 않아도 좋을 만큼 테니스를 통해서 건강한 신체를 단련할 수 있어서 즐겁다.

"아무리 즐거워도 '미래'를 믿지 마라. 죽은 '과거'는 죽은 채 매장하라, 활동하라, 살아 있는 현재에 활동하라, 안에는 마음이 위에는 하나님이 있다."라는 글귀를 떠 올린다. 살아 활동하는 나의 날들이 테니스공을 라켓의 중심 과녁에 맞히듯이 신중하고 정성스럽게 엮어지도록 노력하고 싶다. 양궁 선수나, 사격 선수들이 목표 지점만을 향하여 사력을 다하듯이……

'나는 지금 바르셀로나에서 울려 퍼지는 애국가와 휘날리는 태극기 앞에 서서 감격의 눈물을 흘렸던 선수들의 모습을 기억해 본다.

사색하는 마음

빨, 주, 노, 초, 파, 남, 보의 축복으로 쏟아지는 햇살 아래에서 삶의 잔을 씻어 본다. 온갖 삶의 음향이 온몸으로 신명나게 노래하는 매미와 풀벌레들의 중창과 어우러져 울려오고 있다. 어디에선지 비발디의 「사계」가 감미로운 선율로 발레리나의 우아한 춤을 연상케 하며 들려온다.

한층 높고 푸른 하늘을 응시해 본다.

어제가 9월 7일 인가 했는데, 오늘은 9월17일······

멈출 줄 모르고 앞으로만 달리는 시간의 수레바퀴 앞에서 가감되는 삶에 숙연해진다.

수많은 사람들이 일벌처럼 분주하게 움직이고 있다. 그 틈바구니에서 지쳐버린 영혼이 오열을 터뜨린다. 한 가닥 들풀처럼 연약하고 부러지기 쉬운 존재들이 일회적인 삶의 빈 잔을 채워보려고 발버둥 치고 있다.

인간을 일컬어서 파스칼이 「생각하는 갈대」라고 말했던

까닭은 무엇일까?

　인간이 동물과 구별되는 사고력, 이것은 창조주의 선물로 주어진 것이라 하겠다. 한 줌의 모래알처럼 흐트러지기 쉬운 존재이지만, 갈대의 그 빈 속을 채울 수 있는 생각의 힘 때문에, 인간은 강인한 생명력을 뿌리내리고, 문명을 꽃피우며 살고 있는 것이다. 만일 인간에게 사고의 능력이 없었다면 이 세상은 얼마나 무미건조했을는지……

　문득 로댕의 「생각하는 사람」의 모습이 투영되어 온다. 나는 인간(人間) 불굴(不屈) 정신(精神)의 바탕이 되는 사고력으로 삶의 지혜와 용기와 인생(人生)의 동력(動力)을 충전해 내고 있다.

　요즈음 나의 고민이라면 굳게 닫힌 철문처럼 밀폐된 사람과 사람 사이에서 오는 것이다. 그 닫힌 마음의 높은 담장을 낮추고, 빗장을 활짝 열어 제치고서, 소박하고 따뜻한 인정을 나누며 대화할 수 있는 사람이 그리워진다.

　요즈음 세태는 가치관이 상실되고, 도덕성이 결핍되었다. 잃어버린 「나」를 찾고, 「너」를 찾고, 깨어진 인간관계를 바로잡는 길은 어디에 있는 걸까?

　'사랑의 능력'을 되찾고 싶다. 유한함 속에서 무한함을 동경하고, 찰나적인 데서 영원함을 기리는 애달픈 마음엔 "사랑의 완성이 인류의 궁극적 목표"라는 글귀뿐.

　내가 살 수 있는 시간까지 보름달처럼 환한 자태로 고통의 사다리를 거뜬히 오르내리는 연습을 하고 싶은 것이다. 나의 삶이 때론 황량한 겨울 들판처럼 쓸쓸하고 고적해서 눈물겨울 때가 있을지라도 희망의 구름다리를 통과하는 주인공이 되기 위해 두 손을 모아야겠다.

키르케고르은 허공에 매달린 거미에게서 중간적 존재자로서 인간의 고민과 모험을 보았다고 하지 않았던가? 인간이라면, 사색하는 인간이라면 그 누구나 망망대해 속의 외로운 섬에 홀로 놓인 자아를 만나게 된다. 이러한 자아가 수차례에 걸친 자기 분열, 단련, 창조, 재정립이라는 인간 존재의 방식을 통해서 감정의 편린을 극복하는 이법(理法)을 터득해야 할 것이다.

이로써 인간은 자기 삶의 방식에 따라 신처럼 고귀해질 수도, 동물처럼 저속해질 수도 있음을 직시하게 될 것이다. 이 모든 사념들을 머리가 아닌 가슴으로 살며 행동해야 하겠다. 조금씩 조금씩 이루어 가는 것을 큰 기쁨으로 여기며, 작은 친절과 미소에도 감사하고 싶은 마음이다.

"내일은 또 내일의 태양이 떠오른다."는 말을 되새겨 보며, 타오르는 오늘!

우리들의 이 아름다운 날들의 어두운 부분을 밝혀 주는 사랑의 횃불로 남아있고 싶다.

오늘과 내일

한 치 앞의 일도 모르는 유한한 인생이 아니런가. 마치 천년 만년이 다 내 것인 양 하늘 높은 줄 모르고 욕심을 부리며 치열하게 경쟁과 투쟁을 일삼고 살지 않있는가. 어쩌면 먹이사슬의 관계로 이루어진 자연계의 이치를 따라야 하는 유한한 존재가 지닌 삶의 본능이기에 살기 위해선 당연한 일이리라.

성경에 나오는 어리석은 부자는 자신의 배만을 위하여 창고를 더 크게 짓고 그의 모든 곡식과 여러 해 쓸 물건을 쌓아 두고 평안히 쉬고, 먹고, 마시고 즐거워하려다가 결국 그의 영혼이 세상을 등져야 했으니 그 쌓아 둔 것이 뉘 것이 되었는가. 자기만을 위하여 재물을 쌓아 두는 자의 결말이 이와 같음을 비유한 것이리라.

혹시 내가 포만감에 겨워 편히 쉬고 있을 때 끼니를 걱정하는 가난한 이웃들은 고봉밥을 간절하게 떠올리며 배고픔과 굶주림과 헐벗음에의 고통을 안고 울부짖고 있을 텐데…

아직도 IMF 한파로 인해서 직장과 부모와 자녀와 아내와 남편을 잃은 이들이 실업자와 독거노인이나 소년·소녀 가장이 되어 어렵사리 삶을 지탱해 가고 있다. 지금도 내 눈앞엔 노숙(老宿)하는 수많은 이들이 서울역 찬 바닥이나 육교 밑에 누워 있는 모습이 아른거린다.

허나 이처럼 빈(貧)한 자들을 위해 부(富)한 이들이 얼마나 쉽사리 도움의 손길을 펼치고 있음이런가.

아흔아홉 개를 가진 자가 한 개밖에 없는 사람의 것을 마저 빼앗아다가 백 개를 채우고야 만다는 말처럼, 한 번도 굶주려 본 적이 없는 이들은 나눌 줄 모르고 더 많이 움켜쥐어 더욱 부유해지려고 아귀다툼뿐인 것을.

허나 빈자(貧者)들에겐 그들이 몸소 겪은 가난의 그 쓰라림을 알기에 서슴없이 자신의 한 끼 빵 한 조각을 쪼개어 나눌 줄 아는 인정이 있다. 단 한 개밖에 쥔 것이 없다 할지라도 그것마저 서슴없이 쪼개어 어려운 이들의 입에 넣어 주며 조금이라도 더 함께 나누기 위하여 자신의 것을 아까운 줄 모르고 희생할 줄 알기 때문이다.

진정 이 둘 중에 누가 '오늘과 내일'을 잘 사는 사람일까.

오늘은 그리 넉넉한 살림은 아니라 할지라도 어떤 부자(富者)보다도 넉넉한 마음으로 작은 정(情)을 나눌 줄 아는 이가 문득 고맙고 그리운 날이다.

사실 난 그 누구보다도 마음이 넉넉한 어떤 이의 정성에 진심으로 고마움을 느끼고 있다.

K 여사는 자신이 가진 것 일부를 쪼개어 나누어주지 않고는 견디지 못하는 자선심을 소유한 크리스천이다. 그녀는 지난 어린이날을 즈음하여 방울토마토 한 상자를 내게 내밀었다. 애들에게 값싸고 흔한 과일 한 번 실컷 먹이지 못하는 내 심정을 어찌 알았을까. 난 그녀의 고운 마음씨와 복(福)된 손길에 담긴 훈훈한 정을 평생 잊지 못할 것 같다.

이젠 주는 일보다 받는 일에 익숙해진 탓에 쑥스러워하는 내게 "받는 법도 배울 줄 알아야 한다며" 빙긋이 미소를 지었던 그녀의 고운 모습이 떠오르는 밤이다. 언제부터 그녀는 받는 기쁨보다 주는 기쁨이 더 크고 귀하다'는 것을 터득했을까.

그런데 그녀로부터 오늘 또 전화가 왔다.

"집사님! 애들이 걸려서 잘 익은 수박 한 덩이와 참외 몇 개를 사놓았는데 시간 있으면 슈퍼에 맡겨 놓을 테니 가져다가 아이들 먹여요…"

남의 자녀들까지 생각해 주는 인정 많은 그녀는 앞으로 얼마나 더 많은 복을 받으며 살지 모를 일이다. 진정 그녀와 같이 이웃에게 베풀며 살기를 원하는 이들은 그 어떤 이들보다 더 많은 물질의 복(福)과 은총을 받아야 하리라.

그런데 나의 곤란한 오늘은 내일의 행복을 바라보며 날마다 시련을 극복할 것을 요구하고 있음이 아니런가. 하지만 나는 매일 눈만 뜨면 손을 벌리는 아이들과 기본 생활비로 인하여 화폐의 가치와 그 필요성을 절감하곤 한다.

돈 버는 재주보다도 돈 쓰는 재주만 키워 온 무능한 엄마인지라, 그들의 필요를 채워주지 못함에 그저 안타까워할 따름이다.

그렇건만 쓰디쓴 김치와 푸성가리(푸성귀)를 먹으면서도 마음만은 평안하니 이 어인 일이런가. 오늘의 어려움이 나의 실생활에 잠시 큰 불편을 주고 있지만 결코 부끄러운 일이 아님을 알고 일용할 양식이 있음을 감사할 줄 아는 무욕(無慾)의 삶을 터득했음이런가.

오늘도 남편은 집 앞에 일군 밭에 나가 땀 흘리며 풀을 뽑아 주고 있다. 제법 무성하게 커서 식탁을 풍성하게 해 줄 무공해 상추, 부추, 고추, 호박 등을 흐뭇한 눈길로 바라보는 남편!

그를 나도 즐거운 마음으로 바라보고 있다.

이 얼마나 소박한 기쁨이란 말인가. 그가 뿌린 작은 씨앗이 신선한 잎과 푸른 열매로 잘 자란 것을 저녁 식탁에 둘러앉아 맛보며 우리 가족은 풍성한 잔치를 벌였다.

이제 난 다시 내일을 위하여 아니 먼 훗날을 위하여 그 씨앗을 받아 두는 순리와 지혜, 심음의 법칙에 따른 불변의 진리를 자각해 본다.

오늘 내가 무엇을 심느냐에 따라 내일 무엇을 거둘지가 결정되기 때문이리라.

간디의 말처럼 만일 내가 오늘을 돌보면 신은 나의 내일을 돌볼 터인즉, 오늘 주어진 삶이 내일을 위한 준비의 시간이 되도록 성실을 식물로 삼아보련다. 오늘과같이 답답한 시절이 신속하게 지나가고 내게도 베풀 수 있는 여건이 주어진다면 난 어떻게 해야 할까. 선천적으로 남에게 나눠주기를 좋아하는 친정어머니처럼 또, K 여사처럼 나도 그렇게 선행(善行)을 심으며 '주는 기쁨이 받는 기쁨보다도 더 큰 것임을 만끽하는 보람 가득한 나날을 엮어 보리라.

"주는 자가 받는 자보다 복이 있다"라는 황금률(黃金律)은 내가 오늘과 내일 아니 일평생 실천해야 할 덕목(德目)이요. 마음에 꼭 간직해야 할 예수의 말씀이 아니런가.

춤추는 별들

춤추는 별들의 무대는 어느 소년교도소에서였다.
"학교 교실에 불을 지르고 잡혀온 소년, 의붓아버지 매에 못이겨 가출하여 방황하다가 사람을 해친 소년 등 사고를 일으킨 소년 재소자들이 주인공으로 등장한다. 이들은 소년교도소 안에서도 서로 부딪힌다. 항상 반항하고 비관적이며 문제를 일으키는 소년이 있는가 하면, 순간의 실수로 갇힌 몸이 되었지만 교도소 안에서의 날들을 유용하게 보내며 재도약의 발판으로 삼아 보려는 긍정적이며 성숙한 소년도 있다.
이러한 소년 재소자들은 자신들의 기쁨과 슬픔, 갈등과 고민 등 온갖 삶의 이야기들을 노래와 춤과 연기를 통해 마음껏 표출해 낸다. 이는 혈기왕성한 청소년들의 억압된 정서를 마음껏 발산할 수 있도록 이끌어 줌으로써 그들 본연의 순수함과 선한 인간성을 회복케 하는 신바람 나는 한마당이다.
재소자들의 이야기를 그린 '춤추는 별들'은 천안의 소년교도소에 수용 중인 재소자들이 공연할 뮤지컬이다. 일천여 명의 소년 재소자들이 교도소의 야외 무대에서 사월 초에 있을 공연을 앞두고, 이 월 초부터 춤과 노래와 연기를 익히며 열심히 연습을 하고 있다. 소년 재소자들이 출연진의 대부분이지만 남자 탤런트, 개그우먼, 연극배우, 탤런트 겸 연극배우 및 인기스타들도 우정 출연하기로 되어 있다. 그리고 객석에는 수용자 가족과 지역 주민들도 초대된다."

이러한 기사를 읽고 그냥 지나칠 수가 없었다. 신체적인 부자유함 속에서 고통을 안고 살아 가는 나는 소년 재소자들에게도 '역할극'을 통해서 정서를 순화할 수 있는 공간이 주어진 것이 마치 내 자녀를 위한 일처럼 생각되어졌기 때문이다. 이러한 뮤지컬 공연을 기획한 '한국청소년사랑회'의 근본 취지는 재소자들이 공연을 통해 자신을 돌아봄으로써 사회에 빨리 적응하도록 돕고, 청소년 재소자에 대한 사회의 큰 관심과 사랑을 모으는 데에 있으리라.

제 마음껏 활동하며 학업에 열중해야 할 이 땅의 청소년들!

저마다 약동하는 건강한 몸과 무한한 상상력과 빼어난 지성의 본령인 청소년들이 한 순간의 실수로 인해서 억눌려진 채로 교도소 신세를 지고 있는 안타깝고 가슴 아픈 현실을 어이해야 할까.

가정과 사회에서 폭력과 학대로 인하여 버림받은 수많은

가출 청소년들이 얼마나 많은가. 과연 이들을 위한 안식처는 어디에서 찾아 볼 수 있는 걸까.

가정에서 사랑을 받지 못하고 버려진 가출 청소년들을 비행과 범죄가 유혹하는 사회로부터 거두어 이들의 상처를 치유하고 다시 가족의 품에 안겨 주어 정상적으로 생활할 수 있어야 하리라.

이러한 일을 도맡아 하는 '사랑의 샘터'가 호남에선 유일하게 전주에 한 곳이 있다. 사랑의 샘터에선 학교와 사회단체나 경찰서로부터 가출 소녀를 인도 받아 보호하면서 상담과 교육을 병행하고 있다. 이들에게 음악, 춤, 미술, 연극 등으로 마음의 상처를 치유하고, 취미, 체험, 자원봉사활동 등으로 인간 관계를 훈련하며 학업, 진로지도도 하고 가능하면 학교도 보내고 있다.

우리 군산 지역에도 가정과 학교와 사회에 적응하지 못하는 청소년들을 위해서 조속히 '사랑샘터'가 마련되었으면 한다.

나는 행여 가장 가까운 내 품안에서 상처받고 울음을 울고 있진 않은지 잠시 아이들의 모습을 떠올려 본다. 그들이 가정이라는 철장이 아닌 포근한 보금자리에서 참으로 만족한 춤을 덩실덩실 추며 살고 있는지를 점검해 본다. 언젠가는 성인이 되어 제각기 삶의 둥지를 틀기 위해 떠나가야 할 내 사랑하는 소년 소녀들의 텅 빈 마음 그릇에 나는 무엇을 담아 주어야 할까.

그들의 하얀 마음 그릇에 '꿈, 기쁨, 사랑, 신념, 지혜, 용기, 절제, 인내, 평화, 너그러움'의 씨앗을 듬뿍듬뿍 안겨 주고 싶다.

먼 훗날 그들이 그 씨앗을 싹 틔워 또 작은 그네들의 분신에게 그 씨앗을 나눔으로 말미암아 자손 대대로 살맛 나는 인생을 계승케 하여 항상 춤추며 사는 별들의 세상이 되도록 말이다.

잠시 눈을 들어 밤하늘을 바라본다. 온갖 별들이 제 위치에서 제 이름에 알맞게 빛을 발하고 있는 것을 보며 나는 간절하게 기도한다.

"새벽 별이신 주여, 전국 각 곳의 소년 재소자들과 지금도 어둠 속에서 방황하는 어린 영혼들을 일으켜 세우시사 꼭 필요한 사람, 빛을 발하는 사람되어지도록 새롭게 빚어 주소서. 그리하여 저들이 모두 다 행복한 인생의 주인공으로 당당하게 설 수 있도록 그 앞길을 친히 바른 길로 인도하사 항상 해맑은 웃음과 샘솟는 환희 속에서 춤추며 살 수 있도록 이끌어 주소서."

이 땅의 춤추는 별들에게 말해주고 싶다.

진정. 내 나라의 장래를 책임지고 나가야 할 희망의 별들이여! 이제 모두 일어나라. 그리고 마음껏 춤을 추어라. 인생은 선택의 연속이거늘, 그대들이 잠시 자유가 없이 갇힌 몸되었다지만 속박되지 않은 그 고결한 정신력으로 다시 태어나려무나. 아무리 주변 환경이 어렵고 험난해도 각기 제 인생의 개척자로서 그 위기와 절망을 극복하는 삶의 예지와 용기를 잃지 말기로 하자.

이 세상에 태어난 이들은 그 어느 누구나 제 몫에 태인 '고난의 쓴잔'을 들이키며, 지극히 작은 '행복의 단잔'에 만족하며 살도록 되어 있지 아니한가.

푸른 별 청소년들이여! 현재의 실패와 역경을 딛고 의연하게 일어서서 마음껏 저마다의 삶을 노래하며 춤추어 보게나. 그대들이 보다 성숙한 인격체로 자라도록 자양분이 되어 주는 성실한 춤으로 말이다.

하여 그대들이 장차 이 나라의 큰 인물로 성장하여 인생의 승리자로서의 자랑스러운 춤을 보여 줄 수 있도록 말이다.

남·북 정상회담

한민족이 남과 북으로 나뉜 지 반세기!

나는 온 세계를 향해 생중계되고 있는 남북 지도자들의 역사적인 첫 만남을 열 일 재쳐두고 하루 종일 지켜보았습니다. 두 분의 만남으로 온 국민은 흥분했고 나 역시 남북의 화합과 통일이 머지않아 곧 이루어지기라도 할 것만 같아 그 기쁨을 주체할 수가 없었답니다.

아마 작년 이맘때쯤, 평양으로 보내어진 천 마리의 소로 인하여 금강산 관광의 길이 트인 덕분이라 하겠습니다. 아니 김 대통령의 말씀처럼 이 길이 열리기까지는 무엇보다도 남북의 화해와 협력, 그리고 평화통일을 바라는 국민의 염원과 성원의 힘이 컸기 때문이라 하겠습니다.

오십 년 전 유월 이십오일!

이 땅에 동족상잔의 한국전쟁이 시작됨으로 백삼십여만 명이 전사했고, 천만 이산가족이 아픔을 삭이고 있습니다.

이젠 그 비극의 날을 속히 잊을 수 있도록 이산가족들의 상봉을 서둘러 성사시켜서 고향을 왕래하며 골육 친척을 만나게 함으로써, 그 맺힌 한과 반평생의 소원을 풀어 주어야겠습니다.

해마다 어버이날이면 북녘에 계신 어버이 가슴에 꽃 한 송이조차 달아 드리지 못하는 불효를 자책하며 북에 계신 어머니에게 반세기 동안 사모곡을 썼으나 영영 보내지 못하고야 만 애끓는 사연을 안고 절규하는 이를 보았습니다.

또 어떤 팔순이 넘은 노모는 그가 죽기 전에 북에 있는 장남을 만나 따뜻한 밥 한 그릇 지어서 먹이고 싶다며 애끓는 모정으로 눈시울을 적시는 것도 보았습니다. 이 땅의 수많은 이들이 이산의 슬픔을 안고 망부석이 되어버리는지 그 얼마입니까.

이번 8·15를 기해서 이산가족 백여 명의 상봉이 있을 것이라 하나 칠십 세 이상 되는 고령 이산가족의 수만도 전국적으로 엄청나다고 하니 보다 많은 이산가족들이 만날 수 있도록 대책을 마련해야겠습니다. 이로써 민족의 대화합과 일치를 한층 더 앞당길 수 있겠다고 여겨지기 때문입니다.

이십 세기가 끝난 지금, 이번에 이루어진 남북 정상의 만남과 회담을 통해 기필코 한국 분단사를 종식하는 전환점이 되어야 하리라 봅니다.

김 대통령은 오랫동안 동결됐던 남북의 관계에 있어서 이

번 북한의 정상과는 단지 만남에 그 의의를 둠으로써 대화를 통해 그동안 쌓인 오해를 풀고 상호이해를 도모한다고 했습니다. 아무리 상대하기 거북하고 어려운 상대도 서로 얼굴을 맞대고 대화함으로써 그 관계를 개선하거나 회복할 수 있는 여건을 얼마든지 마련할 수 있기 때문이라 하겠습니다.

이번 회담을 통해 베일에 가려진 채로 병들고 융통성 없으며 난폭하게 여겨졌던 북한의 지도자가 건강하며 여유 있고 인간미 넘치는 새로운 모습으로 드러났습니다. 그래서인지 요즈음도 대학가에선 김정일 신드롬이 급속하게 확산하고 있습니다. 그가 6·15 남북공동선언을 함으로써 한반도 문제의 긍정적인 접근을 세계만방에 보여 주었기에 우리민족 평화통일의 날도 그리 멀지 않은 것만 같아 덩달아 들떠보았습니다.

6·15 남북 공동선언은 "남과 북이 경제협력을 통하여 민족경제를 균형적으로 발전" 시킨다는 합의를 포함하고 있습니다. 어찌 되었던지 남북정상회담 이후 북한이 갑자기 화해의 대상이 되어 우린 잠시 혼돈의 도가니에 놓인 듯 합니다. 남북의 체제가 당장 바뀐 것도 아닌데 말입니다. 결코 정치적 감상주의에 빠져서는 안 될 것입니다.

이번 남북 정상의 만남과 공동선언으로 인한 민간 중심의 활발한 교류와 협력이 경제, 사회, 문화의 활성화와 민족 통합에 이르기까지 크게 이바지할 것을 기대해 봅니다. 또한 남과 북의 어린이들을 비롯하여 온 국민이 소원하는 "남북 평화통일의 그날이 속히 도래하기를 손꼽아 기다리렵니다.

그런데 김 대통령은 통일은 서로가 더 신뢰를 쌓아야 하며, 북한이 경제적 힘을 가지려면 중국이나 베트남처럼 개방해야 하고 남북이 서로 왕래하고 공동투자를 해서 스스로 자립할 수 있도록 도와주어야 한다고 언급했습니다.

그러나 앞으로 통일의 날을 이삼십 년까지 멀리 잡지 않을 수 있도록 둘로 갈라진 우리 민족이 하나로 합력해서 통일의 강력한 힘과 그 국력을 신장시켜야 하겠습니다.

미국 라이스대 경제학과 교수는 한국 경제의 중장기적 삼대 부실(북한·금융·공공 부문) 중 가장 큰 부실을 북한 부문으로 보았고, 이에 대한 대책은 북한 지원을 위한 재원 조달 계획을 세우는 것과 제한적이나마 북한의 체제 개선을 유도함으로써 경제 재건과 통합에 드는 비용을 줄여야 한다고 주장했습니다.

그는 북한의 현 경제 실정은 안으로 파탄 지경에 이르러 많은 주민이 굶어 죽고 있으며, 외부로부터 돈을 빌리지도 못하고 있는 데다가 식량과 연료 원조로 겨우 지탱되고 있다고 피력했습니다. 그래서 북한의 앞날은 두 가지의 시나리오를 상정할 수 있는데 하나는 급격한 체제 붕괴나 전쟁으로 인한 경착륙이고, 다른 하나는 경제가 개선되고 남한과의 점진적 경제통합이 이루어지는 연착륙이라고 보았답니다.

현 정부의 햇볕 정책은 북한의 경착륙을 막고 연착륙을 유도하는 것을 목표로 하고 있으나 북한의 자체적 개혁 전망이 불투명한 현 상태에서는 경착륙의 확률이 높으므로 북한 부문의 부실 처리비용도 올려 잡아야 한다고 했습니다. 나는 남한이 북한을 향하여 먼저 베풀면서 경제적으로 흡수통일 할 수 있는 실제적인 접근 방법과 그 대안이 요청된다고 생각해 보았습니다.

이리하여 분단 조국의 불명예스러운 딱지를 떼고 한민족을 이루어 동방의 타오르는 등불로써 명실상부하게 전 세계를 향해 자랑스럽게 웅비할 수 있는 날이 앞당겨졌으면 합니다. 꿈만 같던 두 분의 만남이 시작되었으니, 남북 칠천만 동포가 하나 되어 잘 살 수 있는 길이 열렸으면 하는 바람입니다. 이제 처음으로 싹 틔워진 남북 상호 간의 이해와 평화의 새순이 점점 큰 가지를 내며 공중의 새도 깃들일 만큼 커다란 통일의 거목으로 자라나기를 바랍니다.

앞으로 이 년 후엔 강원도 간성에서 온정(북한) 간 비무장지대를 관통하는 금강산 철도 공사가 완공될 예정인지라 당일 왕래가 가능하다 하니 그날을 고대하며 통일로 가는 기차에 몸을 실어 보는 꿈을 꾸어봅니다.

나는 일만 이천 봉의 '그리운 금강산'을 사모하여 늘 그 가곡을 열창하며 오늘도 어김없이 민족의 평화통일을 위한 기도의 불을 활활 지피렵니다. 동독과 서독의 베를린 장벽이 무너진 것처럼 남북을 가로막고 있는 삼팔선도 반드시 무너질 날이 올 것이라고 확신하기 때문입니다.

엄마의 입술

명산동 사거리를 지나고 있었다. 순간 전봇대 사이에 매달려 있는 현수막 위에 적힌 글귀에 눈길이 멎었다.
"엄마의 입술이 변하면 자녀의 행동이 달라진다."
그 글을 보자마자 엊그제 큰애와 심하게 다투었던 일이 떠올랐다. 나는 금세 심각해진 마음으로 한 걸음씩 내디디면서 그 글이 던져주는 의미를 짚어 보았다.
도대체 우리네 '엄마의 입술'이 어떻게 해야 쉽게 변화할 수 있는지를 굳이 교육을 받아 가면서까지 의식화 작업을 시도해 보아야만 하는 걸까.
수십 번 다짐해 보아도 도루묵이 되고야 마는 자녀에 대한 인자한 언행 심사에 대한 각오와 결심! 이에 대한 뜻을 행동화할 수 있도록 진정 재충전하는 시간이 되어 줄 수 있단 말인가.
아무튼 습관은 제2의 천성이 되며 학습과 교육의 목적은 인간의 행동을 바람직한 양상으로 변화시키는 데 있으므로 '입술의 변화'를 위한 교육도 의미가 크다.

어찌 되었든지 한 가정의 현재와 미래의 운명을 주도하는 큰 책임자인 엄마의 입술! 그 입술이 끼치는 강력한 파장과 그 영향력은 참으로 막강하지 아니한가. 그러니 여성 단체의 위와 같은 취지는 참으로 고무적이라고 여겨진다.

그러면 한 가정의 자녀들을 올바르게 양육하는 일에 있어서 가장 조심해야 하며 신경 써야 할 부분은 무엇이라고 할 수 있을지…

아무래도 최우선 순위는 언어교육이라고 할 수 있다. 자녀들이 가장 쉽게 듣고 배우는 것은 엄마의 입술을 통해 수없이 쏟아지는 언어이기 때문이다. 이들은 무심코 내뱉는 욕설을 쉽사리도 배우며 흉내 내기를 즐겨하기도 한다.

그러기에 감수성이 예민하고 모방에 능한 자녀들에게 엄마의 입술을 통해 얼마나 설득력 있고 아름다운 말씨로 칭찬과 격려와 올바른 훈계가 되고 있는지를 가늠해 보아야 하리라. 나에겐 네 자녀가 딸려 있기 때문에 자녀가 한둘에 그친 이들보다도 스트레스 지수가 한층 높다고 볼 수 있다.

그래서 아이들이 서로 다투거나 내 말을 듣지 않을 때면 전혀 언성을 높이지 않고 웃으면서 타이를 수가 없게 된다.

이러한 실제적인 예는 며칠 전에 내가 큰딸애를 호되게 혼을 내며 못난 입술 노릇을 해댄 것을 보아도 알 수 있다. 그

애는 울먹거리면서 "자신은 결코 인형도 바보도 아니라고 소리를 질러댔다. 무조건 부모의 말에 속으로는 거역하면서도 겉으로는 순종하는 척하고, 부모에게 말대답도 하지 않고 그저 꿀 먹은 벙어리처럼 가만히 있어야 착한 사람인 것처럼 행동하고 싶지 않다."고 마냥 퍼부어 대었다.

언제나 순한 양처럼 대들지 않고 커 주기만을 바랐건만 큰애의 반란에 나는 내심 매우 놀랐다. 그러나 나는 애써 마음을 진정시키며 그 애의 마음속에 쌓인 응어리들을 꺼내 보려고 줄곧 아이의 말에 귀를 기울였다.

"엄마가 저의 고민과 마음을 얼마나 잘 아느냐고……" 그 애는 항변을 늘어놓았다. 지금까지 내가 얼마나 무지하며 무심한 엄마였는지를 실감해 보며, 늘 무식하게 꾸짖으며 험한 말을 해대었는지를 되새겨보는 순간이었다.

"엄마가 얼마나 저를 칭찬해 주셨나요? 매일 꾸중하셨지요?"라고 목청을 높이며 따뜻한 격려와 칭찬에 인색했던 내게 사랑과 관심을 호소하였다.

이렇듯이 그 애가 나를 향해 토로해내는 소나기 같은 질책에 나 자신의 어리석음을 돌아보며 적나라하게 반성해 볼 수 있었다. 그 이후로 나는 명령조로 말하기보다는 타이르며 부탁하는 식으로 말을 해본다. 잦은 칭찬을 아끼는 대신에 최고의 칭찬으로 사기를 돋우어 주며 믿음과 꿈을 심어 주는 말을 아끼지 아니한다.

왜냐하면 친정어머니의 입술에서 나를 위하여 수없이 길어 올리신 꿈과도 같은 기도의 언어들이 오늘도 나의 삶에 싹을 내어 열매를 맺어 안겨 주고 있기 때문이기도 하다.

이 세상의 수많은 사람들이 얼마나 '입술이 던져주는 독소로 인하여 몸살을 앓고 있는가. 날마다 싸움과 분쟁이 그칠 새 없고 결국 목소리가 큰 사람이 승자가 되고야 말지 아니하던가.

마태복음 12장에서 예수는 "선한 사람은 그 쌓은 선에서 선한 것을 내고 악한 사람은 그 쌓은 악에서 악한 것을 내며, 사람이 무슨 무익한 말을 하든지 심판 날에, 이에 대하여 심문을 받는다."라고 했다.

이젠 가장 본이 되어야 하는 엄마의 입술부터 달라져야 하리라.

줄넘기

아직 이슬이 마르지 않은 어스레한 새벽녘!

어제의 한 날을 줄 넘었으니, 오늘의 한 날도 줄 넘으려 한다. 정갈한 마음의 빈 그릇에 기도의 샘물을 길어 올리랴 한다. 여기저기 이름 모를 등산객들이 짝지어 상쾌한 발걸음으로 월명산에 오르는 것을 본다. 이윽고 온 거리는 기지개를 켜고 선풍기 날개처럼 분주해지기 시작한다.

째각째각거리는 시계의 초침과 달리기 시합하는 나의 한 날이 열린 것이다. 베를리오즈의 말처럼 나의 인생을 흥미롭고 가치 있는 소설로 엮기 위해 뛰어야 하는 하루가 시작된 것이다.

"타악! 타악! 탁! 탁! 탁!"

언제부턴가 내 손에 들린 줄넘기!

이길 수 없는 나 자신과의 씨름을 극복하기 위해 시작한 줄넘기! 비록 손쉽고 간편한 운동이지만 내겐 소중한 아침 운동이다.

  나의 가능성을 발현시키고 내 삶의 탄력을 더해주는 운동이기도 하다.

  윤재 형님은 줄넘기 덕분에 심장병을 치셨고, 줄넘기를 한 지 십여 년이 넘었다고 했다.

  나는 왜? 진즉에 줄넘기를 시작하지 않았을까?……

  요통엔 수영과 체조가 좋고, 심장병엔 수영과 걷기가 좋고, 고혈압엔 걷기, 등산, 수영이 좋다고 한다. 그리고 당뇨병엔 걷기, 줄넘기, 수영, 자전거 등이 좋은 운동이라고 한다. 또한 어떤 운동이든지 지속적으로 3개월 이상 해 주어야 근력과 심폐 기능이 향상되고, 운동의 효력이 나타난다고 했다.

  올여름은 사막과 열대의 무더위를 방불케 하는 불볕더위였다. 아이들의 방학과 함께 시작한 줄넘기는 폭양과 맞서 하기엔 벅찬 운동이었다.

  처음 줄을 잡았을 땐 백 개를 넘기가 매우 힘이 들었다. 하루, 이틀, 사흘, 나흘 점차 이백 개, 삼백 개, 사백 개, 오백 개씩 그 횟수를 늘려 나갔다.

  이렇듯 줄넘기를 계속하니 화끈거리는 얼굴에선 비지땀이 흘러내려 두 눈을 가리고, 종아리는 땅기고 아팠다. 손쉽게 생각한 줄넘기도 운동의 효과가 뛰어났는지 힘이 들고 고단했다.

  움직이지 않아도 덥고 땀이 나서 불쾌지수가 높아지는데

규칙적으로 줄넘기를 하자니 싫증이 나기 시작했다.

여러 날 줄넘기를 하지 않았더니, 다시 숨이 차기 시작하고 몸이 무거워졌다. 다시 줄넘기를 잡고 뛰었다. 헉헉거리며 상쾌한 아침 공기를 마시면서 일주일을 계속했더니, 점차 몸이 가벼워지고 요령이 붙었다.

아침에 줄넘기하지 못하면 폭양 속에서도 이열치열로 정면 대결하고 줄넘기를 했다. 찜통 더위 속에서 줄넘기를 못하면 밤하늘의 별을 바라보며 줄넘기를 했다.

비록 줄넘기를 넘는 운동이 사소한 듯해도 내겐 인내심과 건강을 길러주는 소중한 것이 되어 주었다.

"아휴! 날씬하구먼, 힘들게 줄넘기는 뭐 하러 해요?"라고 말을 건네던 아래층 아기 엄마도 줄넘기를 시작했으니 말이다.

성악도로서 기관지와 폐활량이 약한 내게 줄넘기는 이젠 사랑받는 운동이 되어버렸다. 어쩜 수영보다도 테니스보다도 내겐 줄넘기가 더욱 소박하고 간단한 운동이 되기 때문에 애착이 가는 모양이다.

작년에 군산대에서 안병욱 님의 "인생의 사대관리"란 주제 강연의 말씀을 들은 것이 생각난다. 인생의 사대관리의 하나는 건강 관리, 둘은 시간 관리, 셋은 스트레스 관리, 넷은 표정 관리라고 했다.

이 중에서 나는 건강관리의 중요성을 간과할 수 없다. 건강의 관리는 인생의 가장 기초적인 작업이 되기 때문이다.

온 세상을 소유하고도 그 몸이 건강치 못하면 아무런 소용이 없다는 것을 올여름 불볕더위 속에서 실감했기 때문이기도 하다.

한의원에 가서 진단을 받아보니 심한 빈혈증세와 저혈압과 극심한 피로감으로 몸에 무리가 왔다는 것이다. 한약을 꾸준히 먹으면서 몸을 쉬어주며 건강은 몸이 건강할 때 지켜야 한다는 말을 떠올려 보았다.

한 남편의 내조자요, 네 아이의 엄마로서의 막중한 사명을 관조해 보았다.

내 건강은 가족에 대한 의무라는 것을 깊이 생각해 보았다. 내게 건강이라는 것에 대해 위기의식을 가져다준 올여름! 올 여름 나에게 건강과 활력을 꿈을 가져다준 줄넘기!

나의 하루하루가 줄을 넘듯 안타깝게 흘러가고 있다. 하지만 나의 하루하루는 줄넘기와 함께 더욱 견고해지리라 확신한다. 또다시 줄을 넘으며 가을 하늘의 흰 구름과 비둘기 떼를 응시한다.

"언젠가는 내 소망의 꽃이 활짝 피어나리라." 암시해 보며 파이팅을 외쳐 본다. 파이팅을 외치며 뛰는 나의 심신은 푸른 꿈과 함께 창공을 나른다.

가을의 창가에서

가을 아침의 따사로운 빛살이 까치의 맑은 음향과 함께 내 영혼의 정적을 흔들며 창가에 스며든다.
오늘은 매일 반복되는 바쁘고 힘겨운 주부로서의 일상생활에서, 마음의 풍요로움과 넘치는 기쁨을 맛보기 위해서 버스에 몸을 실었다. 차창 밖에는 가을 추수의 풍성한 축제로 흥에 겨워 있었고, 농부의 어깨춤과 엉덩이에서는 알 수 없는 멜로디가 흘러나오는 듯했었다.
출가하여 세 아이를 낳아 기르다 보니 삼십이 넘었고, 나의 곱던 얼굴과 손가락은 주름살과 주부습진으로 엉망이 되어 버렸다. 그러나 아직도 어린 소녀 시절의 일곱 색깔 무지갯빛 같은 꿈의 봉오리들은 나의 거친 손안에서 떠날 줄을 모른다. 인간은 누구나 꿈을 먹고 살면서, 그 꿈의 고지를 향하여 전진하는 노력의 투사들이 아니겠는가?
삼십이 넘은 나의 창가에서 보니 생각나는 사람들의 얼굴과 지난 시절의 추억들이며 온갖 상념들이 선명하게 반사되어 온다.

이 가을에 가슴 깊이 사무쳐 오는 그리운 사람이 떠오른다. 지금은 내 곁에 계시지 않은 그 분은 소나무처럼 늘 푸른 마음으로 초록 빛깔을 몹시도 좋아하셨었다. 슬하에 칠 남매를 두시고 가난에 시달리시면서도 일곱 자녀를 흠 없이 훌륭하게 가르치시고 항상 너그러운 성품으로 살아 오신 분이었다. 그 분이 이 세상을 타계하신 지 3년이 되어 온다.

그분은 나의 어머님, 나의 시어머님이시다. 개정의 달려 마을의 양지바르고 전망 좋은 뒷동산에서 쉬고 계시는 어머님! 불러도 불러도 대답이 없으시고, 만나 뵙고 싶어도 뵙지 못하는 그립고 보고픈 어머니!

셋째 아들인 우리와 만 삼 년을 사시다가, 백혈병으로 쉽게도 이 세상을 등지셔야만 했던 어머님을 생각하는 이 마음엔 온갖 후회와 아픔과 아쉬움만 가득히 쌓여 있다. 부모님이 살아 계실 제, 효성을 다해야 한다는 옛말이 실감이 나니 말이다. 맑게 갠 가을 하늘의 얼굴처럼 고우신 어머니의 얼굴은 내 마음의 창가에서 언제나 웃고 계신다.

어머님의 몸가짐에서 얌전함과 여성의 참모습을 배웠고, 어머님의 손끝에서 음식의 솜씨와 요리법을 배웠고, 어머님의 기개와 교훈 속에서 내 삶의 지표를 세울 수 있었다.

지금은 천상에 계실 내 어머님의 흐뭇하심을 위하여, 나의 삶을 맑게 갠 산속에서 아침 이슬을 머금고 있는 구절초 꽃처럼 향기롭게 피워 나가야겠다. 순간순간을 성실과 노력으로써 정진의 벽돌을 쌓아 올려서, 먼 훗날 멋진 인생의 집을 건축해야겠다.

이제 비워버린 가난한 마음에 이웃을 향한 나눔과 교제와 봉사로 채워서, 이 가을을 풍성하게 엮어야 하리라.

온 들판 가득 넘치고 또한 허허로이 비워지는 가을의 창가에서 자연계의 질서와 공수래공수거의 인생철학을 배우게 된다. 더 많이 소유하기 위해 광분하는 현대인들의 틈바구니에서 더러워진 몸과 맘을 가을의 국화 향기로 씻어 내고, 일용할 양식이 있음과 사계절의 의복이 있음과, 건강한 신체가 있으므로 자족하며 감사하는 자세를 배우게 된다.

89년의 가을의 창에 비친 나의 자화상을 떠올려 본다. 아직은 미완성된 나의 자화상이다. 먼 훗날 백발의 할머니가 되어 비친 나의 자화상이 시어머님과 같이 자애롭고 온후하신 성품으로 닮아질 수 있을는지 의문이다.

가을 하늘은 부쩍 높아졌다. 내 앞에 탐스러운 열매들이 출렁이며 안겨 온다. 나의 창가로 스며들어 오는 토셀리의 사랑의 노랫가락에 생존에의 환희를 충만히 감지한다.

이제 눈을 높이 들어 하늘을 향해 기도하는 마음으로 하얀 비둘기 한 쌍을 날려 보낸다. 이 아름다운 내 가을의 창가에 서서…

사랑과 나눔이 있는 곳에

나눔 마을 사람들의 작은 외침

벚꽃 향기가 그윽하고 가슴이 따뜻한 이들로 넘실대던 은파유원지의 야외무대!

찬란한 사월의 주말은 나눔 마을 '작은 예수들의 소리마당'이 열려 온통 축제 분위기로 들썩거렸죠.

"처음엔 나눔이란 내 것을 줘 버리는, 그래서 내 손에는 아무것도 남지 않는 것인 줄 알았습니다. 그러나 나눔은 그렇지 않았습니다. 주고 또 주어도 내 안에는 더욱 풍성해지는 것이 나눔이었습니다. 진정한 사랑이었습니다."

모든 인간을 귀히 여기신 하나님의 사랑을 실천하고자 사회에서 소외된 노인들과 장애우들, 또 아이들과 비장애우들이 모여 생활공동체를 이루고 있는 나눔 마을 가족들!

누구나 세상에 태어날 땐 무언가 할 일이 있을 거라는 말처럼 이곳에 모인 나눔의 식솔들은 감정이 메말라 가는 세상에 단비를 촉촉이 뿌리며, 사람은 누구나 존중받아야 한다는 것을 깨우쳐 주려고 태어난 것인가 봐요. 우리가 사는 사회에 더 이상 소외되는 사람이 없기를 바라며 마냥 살기 좋고 따뜻한 세상만을 바라며 씨뿌리는 농부의 심정으로 공동체를 꾸려 가면서 말이죠.

나눔 마을 사람들은 오로지 "예수가 최후의 만찬 석상에서 그의 피와 살을 나누어주신 것처럼 비록 가지고 있는 것이 미약할지라도 이웃과 함께 나누는 공동체"가 되고자 하는 간절한 꿈과 바람이 있다는 게지요.

"이 땅에 진정한 하나님의 나라가 임하는 그날까지 사명감을 가지고 순종하며, 기쁨이 넘치는 공동체"로 가고파서 말이에요.

나눔 마을 식구들은 내년 삼월이면 그 동안 살던 집을 비워 주고 새로운 보금자리를 마련해야 할 딱한 형편에 놓여 있다고 하더군요. 그래서인지 뜻 있는 이들이 그들에게 안락한 보금자리를 마련해 주기 위해, 십시일반으로 힘과 정성을 모아 '사랑의 집'을 세우기 위하여 앞장을 섰고 그 일환으로 '작은 예수들의 소리마당'을 열게 되었다고 하더군요.

평소에도 나눔 마을의 풍물단은 그들의 새 집을 마련하기 위해서 각교회와 단체의 초대를 받아 가며 종종 찬양집회를 다니곤 한다더군요.

나눔 마을의 작은 예수들은 은파유원지의 야외무대에 나

와서 헨드 벨의 맑은 음색으로 '등대지기'를 들려주었고, 나눔풍물단은 그 피맺힌 절규를 온 몸으로 아낌없이 보여 주었는데요. 그 풍물단원 중에 정현 형제는 뇌성마비 1급인 몸인데다가 구부러져 잘 펴지지 않는 팔로 어렵게 가까스로 큰북을 치고 있더라구요. 난 그만 정현 형제의 그 딱한 모습을 바라 보면서 하염없이 눈물을 흘리고야 말았어요. 그가 할 수 있는 일이라곤, 단지 굽고 굳어져 제대로 펴지지 않는 왼손으로 힘겹게 북채를 쥐고 유일하게 큰 북을 치는 일 뿐이라는 거예요. 그런데 나눔 마을의 아버지 서 전도사는 나눔 마을 식구들의 "장애는 극복보다도 장애를 입은 그 모습을 그대로 인정해 주는 것"에서부터 출발하는 것임을 일찍부터 깨닫고 1급 장애를 입은 정현 형제의 그 모습 그대로를 받아주고, 또 그 몸으로도 뭔가 할 수 있는 일이 있다는 것을 깨우쳐 주었어요. 그 형제에게 먹고 자는 일 외에 큰 북을 치는 일은 그가 살아야 할 이유와 삶의 의미며 가치를 터득할 수 있게 해주었지요.

이제 나도 서 전도사처럼 장애우들의 모습을 있는 그대로 받아 주며 포근하고 열린 넓은 마음으로 감싸안아야겠어요.

점점 나눔 마을 작은 예수들의 소리마당은 그 열기를 더해 가기 시작했고 다윗과 요나단을 비롯해 J-Band, 남성중창단 아델포스, 전북찬양사역자협회원들의 열창으로 수놓아져 모두에게 큰 위로와 용기를 안겨 주며 감격의 강물이 되어 출렁거렸어요. 그 순간 무심코 팜플렛을 뒤적이다가 나는 나눔 마을을 위해 기도로(10초), 생활(물질)로 벽돌(120만장 목표)로 시간(직접 방문)으로 후원할 수 있다는 구절을 보았어요. 과연 나는 그 무엇으로 어떻게 나눔 마을을 도울 수 있을 것인지를 궁리하면서 머릿속이 복잡해옴을 감지하고 있었죠. 그 때 '다윗과 요나단' 이 노래를 마치고 사랑의 집을 짓기 위해 벽돌을 후원해 달라고 호소하는 것이었어요. 이처럼 아름다운 사람들의 간절한 이웃 사랑의 몸짓을 구경꾼처럼 바라보고만 있을 순 없는데 말이죠.

'어려움 속에서 함께 나누는 삶은 그 무엇보다도 더욱 값질 테고, 지금 보다 더 여유 있는 때를 기다리다가는 도울 기회를 영영 놓쳐 버리는 것이 아닐까…?' 라는 생각이 들자, 벽돌 몇 장이라도 후원을 해야 될 것 같았어요. 이러한 생각이 미치자 마음이 뜨거워지더라고요. 비록 벽돌 120만장을 다 하진 못했어도, 나도 사랑의 집을 세우는데 한 모퉁이의 몫을 하게 된 것은 참 잘 한 일이라는 생각이 들었어요.

앞으로 머지 않아 멋지게 세워질 사랑의 집!

그 사랑의 집이 "두산" L 건축사의 댓가없는 봉사로 설계되어 어려운 이들에겐 작은 쉼터로, 청소년들에겐 장애체험, 천연염색체험, 유기농 체험 등의 종합 체험 학습장으로서도 쓰여진다니 기대가 되는군요.

이윽고 모든 순서는 마쳐지고 이름 모를 시민들과 함께 어깨를 맞대고 촛불을 밝혀 들고 일어섰지요.

"내가 살아가는 동안에 할 일이 또 하나 있지. 바람 부는 벌~판에 서 있어도 나는 외롭지않아, 그러나 솔잎 하나 떨어지면 눈물 따라 흐르고 우리 타는 가슴 가슴마다 햇살은 다시 떠 오르네…"

마치 어두운 밤하늘을 밝히려는 듯 촛불을 좌우로 흔들며 한 목소리로 "사랑으로"를 부르고 또 부르며 한 형제요 자매가 된 이름 모를 수많은 시민들! 모두들 어떠한 형편 속에서도 늘 감사하며 나눔 마을 식구들의 그 작은 외침처럼 "기도로, 또한 함께 하는 사랑의 표현으로 그들에게 힘을 실어 주며 살아야한다고 굳게 다짐하는 것 같았어요.

우리 모두가 콩 한 쪽도 이웃과 같이 나누어 먹으며 서로서로 경사의 기쁨과 애사의 슬픔을 함께 나눔으로 우리네 민족의 고유한 나눔의 정서와 훈훈한 민족성과 미풍양속을 계승하며 생활 속에서 실천하며 살게 된다면 더 할 나위가 없을테지요.

늘 나눔 마을 작은 예수들의 숭고한 외침과 몸짓을 기억하면서 말이죠.

창 밖을 보던 다니엘

　재작년 겨울에 개정 사시는 문 전도사님과 남원에서 열린 교회음악 세미나에 다녀오던 길이었습니다.
　문 전도사님은 딸이 기르던 애완견이 있는데 돌보지 못해서 걱정이라며 맡아줄 사람이 있었으면 좋겠는데 한번 데려다 키워 볼 생각이 없냐고 물어오셨습니다. 마침, 친정어머니께서도 예쁜 애완견을 기르고 싶다고 하셔서 선뜻 진순이와 진돌이를 익산 친정집에 데려다 놓았습니다. 그리고서 얼마 지나지 않아 작년 겨울에 사 형제를 낳게 되었죠. 그중에 몸집이 제일 큰 녀석이 우리 집의 새 식구가 되었지요.

　본래 전 개를 귀여워하기는 하지만 강아지를 자기 자식처럼 여기며 품에 안고 다니는 사람들을 도무지 이해할 수가 없었습니다. 그랬던 제가 다니엘과 지내게 되면서 그런 사람들의 마음을 십분 이해할 수 있게 되었습니다.

다니엘은 잉글리쉬 코카스파니엘 종인데, 유난히 눈이 예쁘고 정이 많고 활발한 녀석이었습니다. 먹는 것도 엄청 밝혔어요. 다니엘은 갖은 재롱과 애교로 아이들의 사랑과 예쁨을 듬뿍 받고 지내었답니다.

그러던 다니엘도 어느새 조그마한 강아지에서 커다란 성견이 되었습니다. 전보다 더 커진 몸집에 엄청난 식성은 집안에서 감당하기 힘들어졌죠. 본래 오리 사냥개였던 습성 때문인지 다른 개들보다도 움직이는 것을 좋아해서 가만히 앉아 있질 못했어요. 그래서 다니엘은 집안에서 베란다로 거처를 옮기게 되었죠. 비좁은 베란다에서 지내는 다니엘이 안쓰러웠어요.

그래서 가끔 시간이 날 때면 다니엘과 함께 집 근처 체육공원이나 점방산으로 산책을 나가곤 했습니다. 이렇게 산책을 나올 때면 다니엘도 신이 났는지 기뻐서 펄쩍펄쩍 산책로를 뛰어다니는 모습에 덩달아 즐거워서 흐뭇하고 즐겁게 산책을 하곤 했답니다.

이젠 그런 작은 기쁨조차 다니엘에게 주질 못하게 되었습니다. 어떤 이들은 개를 공공장소에 데리고 온다고 달갑지 않은 시선으로 바라봤고 가끔은 스쳐 지나가는 이들이 심한 말을 하기도 했습니다. 가끔 주어지는 산책의 기쁨을 누리는 것조차 다니엘에겐 어렵게 된 것입니다. 좁은 베란다에 갇혀서 갑갑해하는 다니엘이 측은하기만 합니다. 잔뜩 정이 들어 마냥 좋아서 데리고 있는 것이 다니엘을 더욱 괴롭히는 것이라는 생각마저 들었습니다.

더구나 다니엘이 큰 소리로 짖기라도 하면 이웃 주민들의 눈총과 꾸중에 마음 편할 날이 없었습니다. 이런 우리 가족의 사정을 아시는 듯 친정
어머니께서도
"얘들아, 어서 빨리 다니엘을 시골로 보내거라…"
"도대체 한가하지도 않은 얘가 어떻게 하려고 개를 베란다에서 키우는 거니?"
전화하실 때마다 재촉하시곤 했어요.

아무리 친정어머니께서 나무라셔도 정이 많이 든 다니엘을 시골로 보낼 결정을 좀처럼 내릴 수 없었습니다. 그런데 언제부턴가 다니엘은 심심했던지 베란다에서 점프하더니 건조대에 널린 빨래를 물어뜯으며 말썽을 부리기 시작했습니다. 추울까 봐 깔아 놓았던 어린이용 이불도 다 찢어 버리고 신문이며 베란다에 있는 물건이란 물건은 있는 데로 물어뜯기 시작했습니다. 날마다 다니엘이 어지럽힌 베란다를 치우는 것도 큰 고역이었습니다. 그렇다고 어떻게 다니엘을 친정집으로 보낼 수 있겠어요.

다니엘이 서성이는 창가로 쏟아지는 아침 햇살이 눈에 부십니다. 그 명랑한 햇살로 늦가을의 정취는 그 넉넉함을 더해주고 있습니다. 오늘도 그 크고 맑은 눈망울로 다니엘은

창밖을 응시하고 있습니다. 오늘따라 창밖을 바라보는 다니엘의 뒷모습이 스산한 가을바람처럼 쓸쓸하고 고독해 보입니다. 아마 다니엘이 먼저 저의 고민을 눈치챘나 봅니다. 통나무집의 넓고 푸른 잔디밭에서 다니엘과 함께 뛰놀 꿈을 뒤로 한 채, 다니엘과 헤어지려 한다는 것을 말입니다. 비록 다니엘의 오물을 치우거나 목욕을 시켜주는 일이 신경 쓰인다 할지라도 오래오래 다니엘과 함께 살고 싶었는데 말입니다.

아, 이젠 정녕 다니엘을 보내야만 할 것 같습니다.

씩씩한 청년 다니엘을 좁은 베란다 바닥에 가둬 둘 수만은 없잖아요. 푸른 잔디가 깔린 친정집 마당에서 마음껏 자유롭게 뛰놀 수 있을 텐데 말이에요.

천진한 다니엘은 아침이면 그 긴 귀에 건장한 몸을 쭉 늘어뜨리고 기지개를 켜곤 했지요. 게걸스러운 다니엘은 유난히 먹성이 좋아서 하루 종일 먹을거리만 찾아대며 끙끙거렸지요. 귀여운 다니엘은 날마다 두 앞발 유리창에 올려 대고 북북 긁어대며 함께 놀자고 보챘지요. 건강한 다니엘은 함께 산책할 때면 낙엽이 쌓인 좁은 오솔길을 곧잘 오르내리곤 했지요. 상냥한 다니엘은 우리가 외출하고서 집에 돌아오면 꼬리치며 반갑게 맞아주곤 했지요. 친절한 다니엘은 자식처럼 애완견을 사랑하는 이들의 따뜻한 마음을 헤아리게 했지요.

사랑스러운 다니엘은 애완견 키우듯 버려진 아이들도 자

식처럼 돌봐야 함을 깨우쳐 주었지요.

　겨울을 재촉하는 비가 추적추적 내리던 지난 주말이었나 봅니다. 이렇듯 다정다감한 다니엘을 감나무가 일품인 친정집에 떼어놓고 돌아와야 했습니다.
　다니엘이 보채며 낑낑 부르짖는 소리가 귓전을 맴돌더니만 차바퀴에 매달려 씩씩거리며 뒤따라오는 듯합니다.

백해무익한 담배라던데

어찌 된 영문인지 요즈음엔 어린 소녀들마저 담배를 물고 있는 모습을 자주 보곤 한다.

며칠 전에 금방을 하는 친구 집에 잠시 들른 적이 있는데 그 근처를 지나가던 차 속에서 아가씨들이 서로 담배를 주고받으며 피우는 것을 우연히 보고 또 한 번 놀랐다. 언제부턴가 살며시 시작된 여성들의 흡연이 이젠 당당하게 정착되어 가고 있는 것만 같아 씁쓰름했다.

세계보건기구(WHO) 보고서는 현재 전 세계 인구 중 남자는 47%가, 여자는 12%가 담배를 피우고 있다고 발표하면서 이들 중에 매년 350만 명이 흡연과 관련된 질병으로 사망하고 있다는 통계를 내놓았다.

현재 우리나라의 흡연 인구도 줄기는커녕 세계 최고 수준인 데다가 여성들조차 합세하고 있는 형편이고 보면 참으로 개탄하지 않을 수 없다. 특히 15세 이상의 남성 흡연율은 68.2%로 세계 최고 수준이며 고 3 남학생의 흡연율은 41.6%에 이르고 있다고 한다. 게다가 질세라 여성 흡연자의 수도 만만치 않게 날로 증가하고 있으니 참으로 안타깝고 부끄러운 일이다. 앞으로 어떻게 '건강한 어머니에 건강한 자손'을 기대할 수 있단 말인가.

그런데 한참 좋은 생각을 하고 건전한 품성으로 성장해야 할 어린 남학생들이 내놓고 담배를 피우며 길거리를 활보하는 것을 자주 목격하게 되니 더욱 마음이 착잡해진다. 또 어떤 남학생들은 담배를 피움으로써 어른 흉내를 내려는 듯, 갖은 폼을 잡고 건들거리며 거리를 쏘아 다니곤 하는데, 책과 씨름해야 할 그들의 황금 같은 시간은 쏜살같이 달아나 버리는데 어떻게 무엇으로 붙잡아 둘 수 있을까.

그런 학생들과 마주치게 될 때면 나는 그 뒤를 쫓아가

"학생! 벌써부터 담배를 피우면 어떻게 되겠느냐"라고 따끔하게 충고를 해주고 싶은 충동을 느끼곤 한다. 하지만 제 부모의 말도 듣지 않는 애들이 반성하기는 커녕 두 눈을 부릅뜨고

"아줌마가 뭔데 상관하느냐"라며 행패를 부릴까 봐 그만 뒷걸음치고 말았다.

아무튼 담배를 가까이하며 공부를 멀리하는 청소년들은 대부분 탈선의 길을 달리는 불량한 학생들처럼 낙오자와 열등생으로 전락하기가 더 쉬운 것이다. 이 나라를 책임져야

할 주인공들이 학업을 등한히 하고 저마다 담배를 피워대며 공상에 빠져 흥청거린다면 장차 이 나라는 어떻게 될 것인가.

또한 아무리 여성의 권리가 신장되었다 하나 담배를 입에 무는 일을 마치 남녀평등을 의미하는 출구의 한 방편으로 여김에서일까. 어린 여학생마저 태연스럽게 양 콧구멍에서 담배 연기를 뿜어내고 있는 것을 볼 때면 왠지 서글프다.

어쩜 신사임당과 같은 어머니가 되어 이 나라를 건강하고 행복한 삶이 넘치는 곳으로 가꾸고 이끌어 가야 할 지고한 사명이 올진대, 어떻게 어린 여학생들이 천연덕스럽게 담배를 피워 댈 수 있단 말인가.

한데 그들이 담배를 피우는 것만을 탓할 것은 아닌 듯싶다. 어떤 학생들은 어른들이 담배를 피우는 모습을 보고 단순히 호기심 때문에 담배를 배우게 되었을 테고, 어쩔 수 없이 그러한 환경으로 내어 몰린 학생들의 입장이 있을 것이기 때문이다.

가정에서 부모님들의 잦은 충돌과 불화로 인한 일상생활은 불안한 그 자녀들로 하여금 담배를 피우고 싶은 충동을 일으킨다는 것이 새로운 통계 결과로 밝혀진 것을 보니, 담배를 피움으로써 안정을 취하고 스트레스를 해소해 보려는 한 방편으로 삼는 모양이기 때문이다. 이처럼 그 누가 뭐라 해도 담배를 끊지 못하고 기호식품처럼 애호하는 것을 보면 가정생활이 청소년들의 정서에 끼치는 영향력이 매우 큰 것임을 알 수 있다.

　따라서 학부모들은 자녀들이 몸가짐을 단정히 할 수 있도록 단란한 가정의 모습과 쾌적한 학습 환경을 마련해 주며 친히 본을 보여 주도록 해야 하지 않을까. 이로써 하루속히 청소년 흡연자들을 줄이기 위한 해결책과 그 결단을 촉구해야 하리라.

　내가 아는 어떤 이는 몸에 해로운 것은 물론이고 돈을 축내며 폐암을 유발하는 담배를 끊어 보기 위해서 여러모로 노력하는 것을 보았다. 심지어는 담배 대신 '금연초'라는 것을 피움으로써 담배를 끊으려고 비장한 각오를 보여 주었는데도 담배에 중독되어 그런지 금단현상이 일어나자 견디지 못하고 중도에 포기하고 말았다.

　어찌하여 지구상의 수많은 이들이 하루 종일 백해무익한 줄담배를 피워대며 부질없이 사망의 골짜기로 이끌리어 가야만 하는 걸까.

S 교수의 선택

내가 S 교수를 만난 지도 어언 이십 년이 흘러갔나 보다.

지금으로부터 이십여 년 전, 내가 다니던 H 신학교 앞산 공원에선 온갖 녹음이 서로 다투어 가며 듬뿍듬뿍 그 푸르름을 더해 가고 있었고 하얀 아카시아 꽃향기가 온 동네를 진동하던 오월 어느 화창한 봄날 아침이었다.

그 전날부터 룸메이트였던 K 언니는 당시 대학에 다니던 그를 한 번 만나볼 것을 넌지시 이야기하더니만 아침에 또 나를 보자 거듭 그 부탁을 하는 것이 아닌가. 나는 당시 학교에서 제대장을 맡고 있었던 K 언니의 말인지라 망설망설하던 중에 마침 함께 가게 된 K라는 친구가 있어 그를 만나러 갈 용기를 내어 보았다.

내가 K와 함께 찾아간 J 대학은 축제 기간이었기 때문에 다채로운 행사들이 곳곳에서 흥겹게 진행되고 있었다.

나는 K 언니로부터 생면부지 한 남학생의 이름 석 자만을 전해 듣고서 설렘과 호기심으로 K와 함께 보무도 당당하게 남학생 기숙사에 찾아갔다.

J 대학은 축제 기간 중 행사의 일환으로 '금녀의 집'인 남학생 기숙사를 개방해서 여학생들도 자연스럽게 방문할 수 있도록 했기 때문이다.

나는 단순히 K 언니의 권유로 움직였기 때문에 부담 없이 그를 마주 대할 수 있었다. 그는 동그란 얼굴에 검은 뿔테 안경을 썼었는데 통통한 몸집에 성품이 온화하며 너그럽고 활발하며 기백이 넘친 사람으로 보였다. 그 역시 나를 처음으로 대하는 사람인지라 낯설었겠지만 내가 신학생 신분이었기에 당연한 듯

'기독교 이야기'로 화제를 이끌어 가며 반론을 제기해 나갔다.

그날 그는 서로의 열띤 공방전에서 밀리지 않는 내게 못다 한 대화를 더 나누고 싶었는지 다음 만남을 요청했고, 나는 그의 바란 대로 한 번 더 만날 것을 약속했다. 그 만남을 시작으로 하여 이십 대 초반의 독신주의를 고집하던 철없던 여학생은 줄행랑을 치기 시작하는 등 얄밉게도 그를 무척 애타게 했다.

그로부터 숱한 우여곡절과 시련의 깊은 계곡을 넘고 또 넘어야 했던 나와 한 몇 해를 부대끼다가 인생의 동반자가 되어 이곳에까지 이르게 되었다.

그가 나를 간택한 이후로 지금까지 변함없는 애정으로서 남편의 도리를 다하듯이, 그는 교직자로서도 그 이상의 애정으로 S 대학과 학생들을 위하여 한결같이 헌신하고 희생해 왔다. 그는 약삭빠른 어떤 이들처럼 어정쩡하게 중간노선을 택하는 비겁한 인물은 못되었다. 본인의 사욕보다는 옳고 바른 것을 위해서라면 주저하지 않고 기꺼이 선봉에 서서 어려움을 몸소 감당할 줄 아는 사람이었기 때문이리라.

나는 늘 그가 몸담고 있는 S 대학의 발전이 답보 상태인지라 항상 걱정하며 어떻게 해야만 대학이 바로 설 것인가를 주야(晝夜)로 고민했었던 것을, 그 누구보다도 잘 알고 있다.

이에 대한 근본 원인을 발견한 연후엔 가장 합리적인 대책을 강구하면서 항시 집안일보다도 학교와 학생들을 염려했던 S 교수가 아니었던가.

오랫동안 S 대학 당국자들은 '타지방에 대학의 소유권을 명의 신탁한 것을 악용하여 사유화하려는 음모'와 이를 공고히 하기 위해서 온갖 불법 부당한 일들을 감행해 왔다. 이를테면 교직원 채용에 따른 인사권과 학사 운영권의 동원, 그것도 부족하여 직권을 남용하면서까지 교직원 다수의 사당(私黨)을 만들고, 총학생회장단을 장악하기 위해 단일 후보만을 세우게 하고 그 외의 후보 출마자는 철저하게 차단하기 위해 제적까지 시키며 징계권을 남용하는 등 그 뿌리 깊은 구조적 폭력으로 인해 S 대학의 무궁한 발전에 현저한 지장을 초래해 온 것이다. 이러한 까닭에 S 교수는 본래의 주인인 군산과 익산의 G 노회가 그 권한을 되찾아서 운영해야 할 필요성을 절감하고 대학 당국자들과 이념을 달리하며, 그 다수 사당에 굴복하지 않았다.

재작년에 그는 그들을 불리하게 하였다는 단 한 가지 이유로 원칙과 절차를 무시한 채 불법, 부당한 해직을 당하고야 말았다. 하지만 S 교수는 이에 굴하지 않고 끝내 G 노회의 승소 확정판결에 이르기까지 미력하나마 힘을 다하였다. 그러나 또다시 차라리 골치 아프게 하고 시끄러운 "S 대학을 팔아 서로 나누어 갖자"라는 G 노회의 두 번에 걸친 다수의 "불법매각 결의"라는 거대한 태풍에 휘말려 걷잡을 수 없었다. 이 소식을 접한 일부 지각(知覺) 있는 이들은 크게 절망하였지만, 그는 결코 좌절하지 않았다. 그와 나는 이를 막기 위해 다시 용기를 내어 가족과 목사님과 교인, 이웃들의 협조를 받아 가며 "S 대학 불법매각 반대 서명"을 위해 군산과 익산의 시민들을 상대로 서명을 시작해서 만 천여 명과 G 노회의 회원(목사·장로) 중 백 일명으로부터 서명을 받았다.

이처럼 힘들고 고단한 서명 작업을 통해서 그는 결국 '사법부의 판결마저 무시해 버린 교육부로부터 승리를 쟁취해 낸 것이다. 이로써 S 대학의 불법 매각 결의는 무산되었고 S 대학의 운영권도 우리 군산과 익산의 G 노회로 찾아오도록 하였으니 아마 그의 업적은 앞으로도 빛날 것이다. 하지만,

이 년여 동안 그의 해직으로 가정 살림과 자녀 교육에 어려움이 많았는데 그 파장으로 인해 여전히 경제적인 고충이 뒤따르고 있음을 어이하랴.

그러나 일신상의 안일과 영달을 위함이 아니라 오로지 S 대학과 그 재학생들을 위해서 탁월하게도 대의명분을 선택한 S 교수!

그가 올 삼월에 다시 S 대학의 S 교수로 기적처럼 복귀된 것이다.

어느덧 그가 한 학기 강의를 마치자, 여름방학인가 했는데, 어제 다시 개강해서 첫 출근을 했다. 그의 힘없는 뒷모습을 보니 영 신명이 나질 않는 모양이다.

지난 칠월 말에 S 대학에 새로운 법인이 설립되었다 하나 뜻을 함께해야 할 이사들이 여전히 두 부류로 나뉘어져 분쟁하며, 그중 한 부류가 "새 포도주는 새 부대에 넣어야 둘이 다 보전되느니라"는 하나님의 말씀에 역행하고 있기 때문이다. 그들은 새로운 법인설립에 끝까지 대항하였던 학장을 도와 대학 내의 고질적인 구조적 폭력을 방관하며 옹호해 주고 있기 때문에 대학은 전혀 달라진 것이 없고, S 교수는 일 년 계약직으로 입성했을 뿐이니 말이다.

역대 대학 전산 소장 중에 유일하게 독자적으로 입시 전산 프로그램을 개발하여 사용하였던 그는 소속된 행정학과를 정보기술(IT) 전문대학으로 특성화하려는 발전 대안을 내놓았다. 그런데 전공이 다른 학과로 바꾸어 S 교수를 몰아내려는 학장의 의도로 무참히 짓밟히고 말았다. 그 측근들에겐 학과가 중복되어도 명칭만 다르게 신설 학과를 개설해 주는 등 남발을 일삼는 고로 국가 백년대계(百年大計)의 안목이 무너져 내리는 현장에서 그의 마음은 얼마나 괴롭고 허탈할까. 아직도 S 대학의 정상화는 요원하게만 보이니 나의 마음도 심히 답답하고 착잡하다.

어서 하루속히 S 교수의 바람대로 G 노회의 학교법인 이사들이 하나 되어 S 대학이 백년지계(百年之計)를 지향(志向)하는 건실한 상아탑으로 눈부시게 도약하길 바란다.

그리하여 날이 갈수록 우수한 인재들이 많이 양성되고 배출되어서 이 지역 사회와 이 나라를 아니 세계 속에서 빛나게 쓰임 받는 크고 위대한 인물들로 넘쳐나길 간절히 소망한다. 나는 어떤 고난에도 용기를 잃지 않고 끝내 불의에 굴복하지 않는 S 교수에게 격려의 박수를 보내며 더욱 사랑하련다.

병문안 일기

　드높아진 늦가을 하늘 위로 고개를 들어 흰 구름을 올려다봅니다. 오늘도 교회 봉고차에 몸을 싣고 질병으로 고통받는 성도들을 돌아보기 위해 나섰습니다.
　G 병원에 이르러 일행과 함께 차에서 내리는 순간, 갑자기 몰아치는 거센 찬바람에 이리저리 휘날리며 힘없이 나뒹구는 낙엽을 바라봅니다. 그 광경을 바라보며 병원에 들어서니, 병실에 누워있는 수많은 환자의 모습이 애처롭기만 합니다. 어찌하여 인생은 낳고 늙어 병들고 죽어가야 하는 것일까요? 마치 바람 앞에 꺼져 가는 등불과도 같이 생명의 촌각을 다투며 투병 생활을 하는 병약한 환자들의 모습을 바라보니 마음이 더욱 아픕니다.
　우리 일행이 방문한 H 할머니는 뇌출혈로 고생을 많이 했는데, 뇌에 물이 차서 물을 빼는 수술을 하셨습니다. 할머니는 코에 호스를 달고 있었고 두 손을 저절로 부들부들 떨며 호스를 빼고 싶어서 안절부절못하셨습니다. 그 모습을 바라보노라니 참으로 안타까웠습니다.

이윽고, J 목사님께서는 "내가 여호와를 기다리고 기다렸더니 귀를 기울이사 나의 부르짖음을 들으셨도다. 나를 기가 막힌 웅덩이와 수렁에서 끌어 올리시고 내 발을 반석 위에 두사 내 걸음을 견고하게 하셨도다. 새 노래 곧 우리 하나님께 올릴 찬송을 내 입에 두셨으니 많은 사람이 보고 두려워하여 여호와를 의지하리로다."

(시편 40:1-3)라는 말씀으로 할머니를 위로하시며 기도해 주셨습니다.

그 순간 그처럼 나약하고 위태로운 상황에 놓인 환자를 찾아보고 기도해 주는 일이 얼마나 귀한 일인지 깨달았습니다. 비록 환자의 아픔과 고통을 대신해 줄 수 없을지라도, 외롭게 투병하는 환자들을 찾아보고 그 현장에 함께 하는 일이 무엇보다도 값지고 소중한 일임을 말입니다.

우리 일행은 G 병원에 도착하기 몇 분 전에는, 췌장암 말기로 약물치료도 끊고, 미동도 하지 않은 채 홀로 집에 누워 계신 할머니를 찾아뵙고서 위로의 예배를 드리고 기저귀를 갈아 드리고 나왔습니다. K 할머니는 자녀들이 각기 떨어져 사는 까닭에 병간호도 제대로 받지 못하고 꺼져가는 생명을 부지하고 계셨습니다. K 할머니의 수척하신 모습과 갈수록 가죽만 남은 수족을 대하며 인생의 무상함과 어쩔 수 없는 숙명 앞에 하염없이 오열해야 했습니다.

그 누구도 인생의 아픔과 죽음의 굴레를 벗어나거나 면제받을 수 없기에 더욱 안타까웠습니다. 인생에 있어서 죽음의 문제를 초월할 수 있다면 두려운 것이 없을 것입니다. 그래서 사람들은 죽음의 공포를 이겨내기 위해 종교를 찾고 의지하나 봅니다.

특히 그리스도인들은 예수님을 믿음으로 영원한 생명을 약속받았기 때문에 죽음을 무서워하거나 두려워하지 않습니다. 그리스도인들은 이 세상사는 동안에 주어진 삶에 충실하고, 이 세상을 떠날지라도 그 이후에 주어질 천국을 소망하며 믿음 생활을 하기 때문입니다. 전혀 평탄하지 않은 삶의 여정 속에서 가난, 질병, 역할 상실, 고독에 시달린다고 할지라도, 희망의 빛을 바라보며 소망의 항구를 향해 나가야 하는 존재임을 인식하고 있기 때문입니다.

오늘 문병을 하면서 나는 어떠한 상황에 놓인다고 할지라도 최후의 일각까지 감사함으로 생명의 환희를 노래해야 함을 다짐해 봅니다. 그러나 현재 우리나라는 경제 발전과 의료 기술의 과학적인 발전으로 인하여, 인간의 수명이 연장되어 고령화 시대에 진입해 있습니다. 이미 오백만 노인 시대를 넘어서고 있고, 베이비붐 시대가 65세에 이르면 대략 일천만 노인시대가 열리게 되어 우리 사회에 엄청난 변화를 예고해 주고 있습니다. 게다가 현재 수많은 노인이 소외, 생활고, 병고로 인하여 크게 좌절하는가 하면, 심하면 우울증 또는 치매 현상과 자살하는 노인들의 수도 날로 급증하고 있어 큰 문제입니다.

그뿐만 아니라 요즘 우리 주변에는 쉽게 삶을 포기하고 내던지는 사람들을 많이 보게 됩니다. 또한 유명세를 달리는 연예인들이 감당할 수 없는 삶의 무게에 눌려 고귀한 그들의 생명을 저버리는 소식을 여러 번 접하게 됩니다.

지금 우리의 삶에 엄습해 오는 질병의 문제를 비롯하여 청소년 문제와 노인 문제와 사회적이고 경제적이며 정치적인 모든 문제가 마치 얽힌 실타래처럼 꼬여 있어 몸살을 앓게 합니다. 무엇보다도 자녀들이 노부모 공양을 꺼리며, 노부모가 중병이 들면 노인 요양병원에 맡겨 버리곤 합니다. 물론 그렇게 할 수밖에 없는 형편이 있을 것입니다. 이러한 풍속도에 그저 마음이 아플 따름입니다. 더욱 가슴이 아픈 것은 요양병원에서는 수가를 올리기 위해서, 병들어 꺼져 가는 노인들의 수명을 하루라도 더 연장하려고 호스로 죽을 투여 하는 등 목적이 뒤바뀐 행위를 일삼고 있기 때문입니다.

그러면 사람의 생명은 무엇입니까? 잠깐 보이다가 사라지는 아침 안개와도 같고, 풀잎 위에 이슬방울로도 비유되어집니다. 그런데 모질기도 한 목숨이라며, 그리 길지 않은 인생을 탓하며 불평 속에 사는 이들도 많습니다. 하지만 점점 기온은 떨어지고 매서운 바람이 휘몰아친다 해도, 삶의 전선에 나가 가족을 위해 땀 흘리며 노동하는 산업 역군들이 있어 든든합니다. 우리가 사는 이 지역의 가정이 바로 서고 청소년들이 열심히 공부하고 노인들이 존중받는 그런 아름다운 풍토가 조성되었으면 좋겠습니다.

지금쯤 G 병원에서 더 치료가 불가능해서 노인 요양병원으로 옮겨져 어느 병실에선가 누워 계실 H 할머니가 생각납니다. 여전히 췌장암 말기로 투병 중이신 K 할머니의 모습도 떠오릅니다. 오늘도 H 할머니와 K 할머니에게 하늘의 위로와 은총의 손길이 함께 하시길 기도합니다.

우리 주변에는 온갖 질병과 불의의 사고로 고통 중에 있는 이웃들이 많이 있습니다. 비록 그 아픔을 함께 나눌 수는 없지만 어려움을 당한 이웃들을 찾아보고 위안이 되도록 노력하고 싶습니다.

이제 나는 "모든 노력은 바다에 붓는 한 방울 물과 같다. 하지만 만일 내가 그 한 방울의 물을 붓지 않았다면 바다는 그 한 방울만큼 줄어들었을 것이다"라는 마더 테레사의 말을 가슴에 새겨 봅니다.

가장 불행해 보이는 이의 가장 행복한 이야기

　초겨울 밤의 적막을 깨고 벽시계의 초침은 무엇이 그리 바쁜지 쉼 없이 뛰어갑니다. 드디어 부지런한 초침은 자정을 가리킵니다. 이 고요한 밤, 유수와 같이 흘러가는 세월의 강가를 서성이며 나는 또다시 저물어가려는 한 해를 안타까운 마음으로 뒤돌아봅니다.

　하루, 이틀, 사흘, 나흘! 언제나 창조주의 섭리 손길 아래 우 만물이 질서 있게 운행되고, 어김없이 사계가 순환되는 것을 보며 우리네 인생은 성실함으로 기록돼야 하는 것임을 깨닫게 됩니다.

"지금까지 지내온 것 주의 크신 은혜라.
한이 없는 주의 사랑 어찌 이루 말하랴
자나깨나 주의 손이 항상 살펴 주시고

모든 일을 주 안에서 형통하게 하시네."

나의 심령 깊은 곳에서 울려 나오는 찬송가 곡조는, 올 한 해도 힘들었지만, 감사의 조건이 많았음을 대변해 줍니다. 비록 가진 것도, 내놓을 만한 것도, 많지 않고 부족한 것뿐이지만 오직 나는 그분으로 인하여 기뻐할 수 있기에 넉넉합니다. 언제부터인지 나는 '장애를 극복한 사람들에 대해 관심이 많았습니다. 왠지 이 고요한 밤엔 처참한 장애로 인하여 가장 불행해 보이는 사람'이 그 장애를 극복함으로써 '가장 행복한 사람'으로 거듭난 이야기를 나누고 싶어집니다.

닉 부이치치! 그는 비록 손이 없지만 희망을 붙잡았습니다. 그는 비록 팔이 없지만 한계를 껴안았습니다. 그는 비록 발이 없지만 두려움을 걸었습니다. 그는 두려움이 사라질 때까지 기다리지 않고 두려움 속으로 용기 있게 뛰어들어 그 두려움을 이겼습니다.

그는 "내 삶에 더 이상 한계는 없다. 다시 일어설 수 있다면 넘어져도 좋다!"라며 자신에게 닥친 위기를 피하지 않고 진지하고 성실하게 대면했습니다. 어떻게 그가 그러한 위대한 삶의 여정을 걸어갈 수 있었을까요?

그는 1982년 호주에서 두 팔과 두 다리가 없이 몸통에 바로 발가락 두 개만 있는 몸으로 태어났습니다. WNT 3이라는 특정 유전자에 돌연변이가 생긴 "테트라 아멜리아 증후군" 때문이었습니다. 이런 경우에는 대부분 출생 직후에 숨이 지는데, 그는 용케도 살아남았습니다. 그는 팔과 다리가 없고 몸통에 발가락 두 개만 있는 몸으로 태어났기에 그러한 장애를 극복하기에는 거의 불가능하였습니다. 그러나 그는 극복해 내기에는 도무지 불가능해 보이는 그처럼 극심한 장애에도 절대 굴하지 않았습니다. 어디서 그런 힘과 용기가 용솟음쳤던 것일까요? 그는 그에게 주어진 혹독한 운명의 시련 앞에서 물러서지도, 주저앉지도 않았습니다. 오히려 그는 더욱 삶에 대한 치열한 열정으로, 마치 형벌과도 같은 가혹한 삶을 받아들이며 진지한 태도와 몸짓으로 그의 장애를 극복해 냅니다. 그리고 그는 위대한 인생 승리의 표상으로 우뚝 서서 행복을 선언했습니다. 그의 삶의 진지함에서 흘러나오는 희망, 그 희망만을 마음껏 품고서 말입니다.

어느 날, 닉은 자신의 존재가 던져주는 의미와 희망을 전달하려고 강단에 섰습니다. 닉은 여전히 자신의 운명을 원망하고, 그의 삶을 저주하며 절망할 수밖에 없는 상황에 놓여 있기는 마찬가지였습니다. 하지만 그는 강연 내내 자기 삶의 의미와 충만한 평화와 행복에 대하여 고백했습니다. 그때 닉이 몸으로 말하는 한마디 한마디가 사람들의 닫힌 마음을 열게 하고, 그의 몸놀림 하나하나가 그의 이야기를 듣는 이들로 하여금 눈물을 흘리게 하였습니다. 그의 장애는 참으로 혹독한 것이었습니다. 그래서인지 그가 말하는 소망과 인생의 의미는 듣는 이로 하여금 자신들이 가진 행복과 축복을 다시 한번 깨닫게 해 주었습니다.

그러나 닉 부이치치는 여러 번 자살을 시도했었다고 고백합니다. 그랬던 그가 소망을 가질 수 있었던 이유는, 바로 하나님 때문이었다고 합니다. 그는 아무도 그 이유를 설명해 줄 수 없는 자신의 불행을 하나님 앞으로 가지고 나가 솔직히 질문했습니다. 결국 그는 하나님의 대답을 성경 말씀 가운데서 듣습니다. 그리고 이렇게 말합니다.

"나는 이 말씀을 통해 하나님을 확실히 만났고, 그리고 내 삶을 향한 분명한 뜻이 있음을 알았습니다."

그가 들은 음성은 맹인으로 태어난 사람을 향하여 하신 예수님의 말씀이었습니다. 이 사람이 이렇게 태어난 것은 "이 사람이나 그 부모의 죄로 인한 것이 아니라 그에게서 하나님이 하시는 일을 나타내고자 하심(요한복음 9:3)"이라는 말씀이었습니다.

닉은 온전한 팔다리가 없이 태어났지만, 그를 통하여 하나님이 하시는 일을 나타내려 함을 깨달은 것입니다. 이처럼 그는 하나님의 말씀으로 완전히 치유함을 받고 팔과 다리가 없이도 건강한 사람으로서 행복을 노래하게 됩니다. 그리고 그는 자신의 인생 가운데 하나님이 함께하시기 때문에 아무런 부족함이 없다고 말합니다.

닉은 하나님을 의지하는 믿음의 삶만이 행복한 삶이요, 어떤 불행과 어떤 장애도 뛰어넘을 수 있는 '그런데도 불구하고'의 행복한 삶이라는 것을 깨달은 것입니다. 닉은 그처럼 극한 절망 속에서도 삶에 대한 꿈과 긍정을 키우며, 팔다리 없는 몸이 만들어 낸 희망으로 세상을 꼭 껴안고, 그의 가장 행복한 이야기를 절망 속에 빠진 이들에게 오랫동안 들려 줄 모양입니다

닉 부이치치의 치열한 삶에 대한 열정과 삶에 대한 진지함을 나도 배우고 싶습니다. 그의 치열한 삶에 대한 열정으로부터 흘러넘치는 그의 희망은 '대인관계 속에서 더욱 빛이 났기 때문입니다.

희망이 없는 사람은 사람을 대할 때 늘 부정적입니다. 하지만 희망이 있는 사람은 인간관계가 넉넉하고 긍정적입니다.

닉 부이치치! 그의 안에 용솟음치는 참된 희망은 장애를 갖지 않은 이들도 힘들어하는 인간관계에서 마음과 마음을 이어주는 다리가 되어 주었습니다. 그의 대인관계 기술은 자신을 지킬 팔이 없고 자유롭게 걸을 수 있는 두 다리마저 없는 자신의 그 불행한 현실을 피하지 않고 정면 대결하여 진취적으로 진지하게 반응함으로써 얻어진 것입니다. 그러기에 그의 삶에 대한 꿈과 비전은 더욱 소중한 것이며, 그가 어디서 누굴 만나든지 불행 속에 피어난 행복과 기쁨을 전하는 그의 이야기를 듣게 만듭니다.

진정 꿈의 날개로 날아오르며 희망을 충전한 사람 닉! 그 푸른 꿈과 희망의 증거가 되어 주는 닉 부이치치! 그는 불행 속에 피어난 희망의 전령사입니다.

비록 닉은 중증 장애를 입었지만, 그의 위대한 정신은 지혜와 용기로 넘치며 건강합니다. 그는 스스로 자신을 위한 '위기 관리법'을 설정해 놓고서 그의 인생 여정 속에 어떤 역경과 위기가 몰려와도 능히 극복해 낼 수 있는 힘과 에너지를 축적해 놓은 슬기로운 사람입니다. 이제 나도 닉처럼, 삶의 위기 상황에서 도피하거나 물러서지 않고 진지하고 성실하게 나의 삶을 대면하며 나갈 것입니다. 닉이 그 삶의 치열한 현장에서 쟁취했던 그 희망만을 품고서 말입니다. 절망은 또 하나의 절망을 낳고, 희망은 또 다른 희망을 낳습니다. 그 참된 희망을 건져내어 절망으로 감염된 세상을 온통 희망으로 물들이고 싶습니다.

닉은 희망이 세상을 허그(Hug)하게 한 사람입니다. 닉은 세상이 희망을 마음껏 허그할 수 있도록 팔과 다리를 천국에 놓고 온 사람입니다. 그의 소명은 바로 팔다리 없는 몸이 만들어 낸 그 푸른 희망으로 세상을 허그하는 것입니다.

점점 차가운 새벽 공기가 등 뒤에 느껴지는 시간입니다. 문득 '희망을 잃어버린 순간부터 사람은 늙는다'라는 말이 떠오릅니다.

이제 잃어버린 꿈과 희망의 조각들을 찾아 나서렵니다. 어두움에 빛을, 미움이 있는 곳에 사랑을, 절망이 있는 곳에 희망을 낳게 하는, 닉 부이치치의 고귀한 삶의 자취를 따르고 싶습니다. 닉처럼 삶에 대한 애정과 열정으로 세상을 허그하며, 내게 주어진 또 한 날의 치열한 삶을 향해 벽시계 초침처럼 달려가고 싶습니다.

그리고 지금도 어디선가 절망의 덫에 걸려 방황하며 울고 있는 이웃들에게, 가장 불행해 보이는 닉 부이치치의 가장 행복한 이야기가 큰 힘이 되어 주고 희망의 증거가 되어 주었으면 좋겠습니다.

나도 누군가에게

가을비가 시원하게 흩뿌려 주었습니다. 그래서인지 이곳 정천의 산야는 온통 맑고 투명한 초록빛으로 가득합니다. 집 앞 창문 밖에 자리 잡고 있는 단풍 나뭇가지가 바람에 그 가녀린 몸을 이리저리 뒤 흔들고 있습니다.

스산한 가을바람이 거셌는지 그 밑으로 유유히 흐르던 용담 물결도 저마다의 속도를 내며 빠른 몸짓으로 흐르고 있습니다.

이 지역에서 유지로 불리는 집 주인아저씨 내외도 부지런히 가을걷이하고 있습니다. 언제나 성실하게 집을 지키는 갑순이와 똘똘이도 열심히 듀엣으로 짖어대고 있습니다.

그 어느 것 하나, 머물러 있는 것이 없습니다. 모두 바쁘게 꿀벌처럼 움직입니다.

언제 뱀을 만날지 모르는데도, 동네 아낙네들은 틈만 나면 밤을 주우러 산으로 달려갑니다. 그렇게 주운 밤을 내게도 한 아름씩 건네주고 갑니다.

  어제는 희비가 엇갈리는 날이었습니다. 아침부터 모교 여자 동문회 일로 서둘러야 했습니다. 그런데 실컷 모임에 함께 참석하기로 한 임원이 '차 키가 끊어져서 못 오게 됐다'라는 문자와 함께 나타나질 않았습니다.

  그런 까닭에 나는 몹시 속이 상했습니다. 번번이 신뢰와 약속을 깨뜨리는 상대방의 태도에 화가 치밀어 올랐습니다. 그러나 모임 석상에서 만난 IM 목사로 인하여 어둡던 나의 마음은 밝아졌습니다.

  IM 목사는 현재 여성안수기념교회의 담임목사로서, 6~7년간 어려운 여성들의 신앙과 권익과 치유를 위해 목양해 오던 중 이번 총회에서 '작은 이들의 벗된 교회'로서 표창을 받게 되었다고 말했습니다.

  IM 목사의 밝고 쾌활한 모습과 카리스마 있는 기도와 설득력으로 청중들과 소통하는 장은 매우 감동적이었고 은혜로웠습니다.

  모든 순서가 끝나고 나는 IM 목사와 함께 교내 카페로 이동했습니다. 그곳에서 차를 마시며 대화하던 중에, IM 목사는 그날 받은 사례금을 우리 여자동문회에 후원금으로 내놓았습니다. 그리고 IM 목사는 "저도 학교에 진 빚이 많이 있기에, 열심히 돕겠습니다."라고 말했습니다.

  그 순간 쓰디쓴 나의 마음은 IM 목사의 격려로 말미암아 위로를 받게 되었습니다.

그러나 집에 돌아와서, 동문회 임원과 통화를 하던 중, 또다시 나의 마음은 심란해졌습니다. 그녀는 이런저런 이유를 대며, 이제 "임원을 그만두어야 할 것 같다"라고 말하는 것입니다. 그녀의 말을 듣고, 참 어렵다는 생각이 들어, 마음이 답답해지기 시작했습니다. 이 모임은 친목 모임이 아니라, 공식적인 모임이기 때문에 더욱 그랬던 것 같습니다.

이러한 상황에 놓일 때, 리더는 어떻게 해야 하는 것일까요? 한 공동체가 공동의 목표를 위해 협력하며 함께 나아가려면 어떻게 해야 하는 것일까요?

아무래도 리더는 모든 상황 속에서 상호 간의 갈등을 조절하며, 소신과 용기로써 비전을 향해 함께 나아갈 수 있도록 불협화음을 조율하며 헌신하는 지혜와 인내를 배워야 할 테지요. 하지만, 이 모든 것이 어렵게만 느껴집니다.

그렇지만 나 한 사람이라도, 모교를 사랑하는 마음으로, 맡겨진 일들을 사명으로 알고, 잘 감당하고 싶습니다. 이로써 후임들이 끊임없이 학교 사랑의 불꽃을 열정으로 이어갈 수 있기를 소망해 봅니다.

그래서일까요? 오늘은 어제와 달리 햇빛이 더 아름답게 느껴집니다. 유유히 흐르는 저 용담 물결도 더 아름답게 보입니다. 조금씩 붉게 물들어가는 단풍잎도 더욱 아름답습니다. 왠지 마음이 아리고 쓸쓸해 오는데, 이것마저도 아름답게 여겨집니다.

　어제 K 교수님이 사주신 비빔밥이 생각납니다. 무슨 맛인지도 모르고 먹었던 것은, K 교수님이 사주신 저녁이라 황송해서 그랬나 봅니다. 하지만 사제간에 오붓하게 저녁을 나누며, 진정한 친교와 섬김에 대해 진지하게 생각해 볼 수 있어서 참 좋았습니다.

　우리 일행은 흐뭇한 마음으로 저녁 식사를 마치고 가족회관을 나왔습니다. 나는 아쉬움을 뒤로 한 채, 고속버스터미널을 향하는 K 교수님 옆자리에 앉은 IM 목사의 손에 악수하며 살며시 차비를 쥐여 주었습니다. 그리고 우리는 서로 멋쩍어서 웃었습니다. 이윽고 그녀의 낭랑한 웃음소리가 가을 저녁의 밤거리를 환하게 만들어 주었습니다. 그렇게 그녀는 다음 만남을 기약하며 서울을 향해 떠났습니다.

　어제 나는 그녀와의 만남으로 인해, 마냥 즐겁고 행복했습니다. 그녀를 배웅하며 정천으로 돌아오는 길에, 머지않아 그녀와 '또다시 만나고 싶다'라는 생각을 해 보았습니다.

　나도 그녀처럼 누군가에게 '또다시 만나고 싶은 사람'으로 기억되고 싶어졌습니다. 나를 만나는 사람들이, 오래오래 즐겁고 행복할 수 있도록 말입니다.

사랑과 나눔이 있는 곳에

하얀 겨울을 재촉하는지 어제부터 내린 비가 온 대지를 흠뻑 적셔 주었습니다. 온통 선명한 자태를 드러내는 산야는 울긋불긋 단풍이 들어 한층 그 아름다움을 뿜어내고 있습니다.

고요한 정적이 흐르는, 싱그러운 늦가을 아침을 나 홀로 대면하고 있습니다. 문득 서정주 시인의 "국화 옆에서"란 시가 생각나는 가을 아침입니다.

"노란 네 꽃잎이 피려고 천둥은 먹구름 속에서 또 그렇게 울었나 보다" 가만히 마음속으로 이 구절을 읊조려 봅니다. 국화는 향기로운 꽃잎을 피워내기까지, 그 누구도 모르는 인내의 시간을 견뎌내야 했을 테지요. 그래서인지 사뭇 국화의 힘겨웠을 마음이 느껴집니다. 그래서인지 오늘은 국화의 향기가 더 진하게 느껴집니다.

오랜만에 CBS TV 방송에 채널을 고정해 보았습니다. 개국 60주년을 맞이한 CBS는 지난 60년 동안 시대와 타협하지 않고, 진리와 생명을 땅끝까지 전하기 위해 고뇌하며 오늘에 이른 것을 알게 되었습니다.

　CBS는 성도의 기도와 후원으로 이뤄지는 기독교 미디어인데, 치유와 회복을 위해서 그늘지고 하나님의 손길이 필요한 곳에 찾아가는 방송입니다. CBS의 사명은 방송국만의 몫이 아니라 우리 모두의 몫이라고 합니다. CBS는 그리스도의 복음을 전파하고 사랑을 나누는 일을 위해서 성도의 기도와 후원과 관심을 절실하게 필요로 하는 것이었습니다. 그래서 나는 방송 선교 후원 ARS(060-808-0000)로 다이얼을 돌려보았습니다. 그러나 이렇게 하는 것이 그렇게 쉬운 일은 아니었습니다. 아무튼 잘한 것 같습니다.

　계속 이어지는 CBS 방송을 통해, 가난한 알바니아의 아이들이 하루의 생존을 위해 쓰레기를 뒤지는 것을 보았습니다. 그 아이들은 상한 음식물과 동물 사체가 썩어서 악취가 진동하는 곳에서, 아침부터 저녁까지 계속 그 냄새를 맡아가며 일을 하고 있습니다.

　그런데 코를 찌르는 악취보다 더 어린 생명을 위협하며 죽음으로 내몰고 있는 것은, 주위에 흩어져 있는 정체불명의 의료 폐기물들이었습니다. 그곳 아이들은 피가 묻은 주삿바늘을 주우면서 매번 손에 찔리게 되고 상처가 나는데도 치료를 받지 못해 생명의 위협을 받는 안타까운 실정에 놓여 있었습니다.

아프리카 케냐의 한 소녀 스콜라는 어릴 때 큰 화재로 끔찍한 화상을 당했습니다. 스콜라는 깊은 화상을 입었지만 제대로 치료를 받지 못해서 심한 장애를 입은 채로, 영양실조와 말라리아의 고통으로 구토합니다.

그런 스콜라가 고통 받는 모습을 카메라에 담아야 함에, 도덕적으로 양심적으로 고통스러운하는 제작진들의 목소리도 들을 수 있었습니다. 결국 제작진은 어린 스콜라를 치료부터 받게 하는 것이 급선무라고 생각하고, 취재에 대한 욕심을 버리고 촬영을 중단시키는 것이었습니다. 그래서 스콜라가 치료를 받고 말라리아에서 벗어나 건강해진 모습을 보았습니다.

또한 지독한 가난으로 지치고 힘든 아이들이, 그 여린 몸을 바다에 던지며, 썩은 물로 갈증을 채우고 있는 장면도 볼 수 있었습니다. 우리는 갈증이 나면 언제든지 맑고 깨끗한 물을 마음껏 마실 수 있는데 말입니다.

원시의 땅 케냐의 코어, 삶과 죽음의 경계에서 아슬아슬하게 온몸이 서서히 굳어가는 병과, 작은 충격에도 뼈가 부스러지는 병으로 죽음을 대면하고 있는 아이들의 눈물과 아픔을 보았습니다.

온갖 질병과 굶주림으로, 물을 찾아 나르기 위해 발에 피가 나도록 걷는 아이들도 있었습니다. 오직 살기 위해 하루에 서너 시간씩 걷는 아이들은 매일 죽음 같은 고통으로 아무런 소망도 없이 그렇게 살아가고 있었습니다.

깊은 오지의 땅에서 그 혹독한 굶주림과 영양 결핍의 고통으로 지극히 평범한 하루를 살아가는 것조차 힘든 아이들은 저마다 절망 속에 놓여있습니다. 참으로 안타까웠습니다.

그렇게도 메마르고 척박한 땅, 그 좁은 길로 복음을 들고 이들의 삶으로 기꺼이 들어가 아이들의 부모와 할아버지가 되어주는 선교사님들의 희생적인 모습과 눈물도 볼 수 있었습니다. 먹을 것이 없어서 배가 고픈 아이들이 너무 많은 그곳에서, 죽는 날까지 선교하겠다는 선교사님들의 굳센 의지를 바라보며 많은 것을 생각해 보았습니다.

배가 고파서 힘이 없으며 배움이 없어 꿈이 없는, 사랑의 위로가 필요한 아이들을 향한 눈물과 기도가 그들의 마음에 생명의 빛으로 꿈틀거리게 하는 원동력이 되어주는 것을 알게 되었습니다. 이러한 일들을 위해 어려운 길을 걸어가는 선교사들의 땀과 눈물을 영상으로 전하는 CBS 방송 선교의 선한 영향력이 얼마나 큰 것인지도 느껴 보았습니다.

CBS 방송은 이렇게 외칩니다. "영상은 한편의 간증, 함께 아파하고, 함께 나누며, 선교 사역에 헌신해 오고 있습니다. 절망이 소망으로, 어둠이 빛으로 바뀌는 그 은혜의 자리를 찾으며 선교지의 기도가 열매를 맺을 수 있도록! 세계 곳곳에서 수없이 발생하는 어려움을 기도하며 이겨내는 제작진들의 노고로 인해 오지의 빈곤한 땅과 아이들의 삶에 변화가 시작된 것입니다.

　CBS는 아이들의 병을 고쳐주고 아이들이 공부할 수 있도록 한국교회와 시청자들의 기도와 후원 그리고 사랑으로 제작됩니다. 가난과 질병으로 힘겨워하는 아동들을 찾아가서 방송을 통해 그들의 안타까운 사정을 전해 주고 있습니다.

　주님의 깃발이 되어 작고 힘없는 영혼들을 향해 나갔던 그 현장에서 예수님의 눈물을 보았으며, 아픔의 땅을 향해 가슴속에 뜨거운 눈물과 기도 그리고 사명을 갖고, 더 많은 나라와 민족을 구하는 주님의 나라를 전할 수 있도록 CBS의 사랑과 나눔의 여정은 계속될 것입니다. 방송 후에 놀라운 기적이 일어났습니다. 1억 원이 넘는 후원금이 모였습니다. 중앙살림 호 빅토리아 의료선교회를 통해 생명의 소식이 온 세상에 전해지도록, 세상의 땅끝 아무도 돌아보지 않는 그곳에서 아무도 돌아보지 않는 그곳을 찾아 나서는 이들과 함께 우리는 가든지 보내든지 모두 선교사입니다.

　그 어린 생명들을 붙잡고 하염없이 눈물을 흘리시는 선교사님들을 어떻게 도울 수 있을까요? 여러분이 모아주신 조약돌이 방송 선교 후원이 필요한 곳에 쌓겠습니다."

　이렇듯 미처 우리의 손길과 발길이 닿지 못하는 곳에, CBS의 영상 선교가 이러한 일들을 대신해 줄 수 있으니, 힘과 위로가 됩니다.

CBS는 절망 속에 놓인 지구촌 아이들에게 희망과 나눔의 기적이 되기 위해, 더욱더 먼 곳 땅끝을 향하여 기도하며 열심히 제작할 것이라 믿기에 더욱 그러합니다.

그런데 일전에 열창했던 트로트계의 여가수가 나와 이렇게 호소합니다.

"현재 우리나라는 이렇게 잘 사는 나라가 되었습니다. 이 얼마나 감사한 일입니까? 그런데 우리나라 식당에선 음식을 남기고 버리고 감사할 줄도 모릅니다. 망설이지 말고, 적은 돈을 후원해서 뒷받침할 수 있도록 뜨거운 마음으로 도와주시길 바랍니다. 사랑의 후원이 절실합니다. 단돈 백 원 천원이 모여서 큰 일을 합니다. 꼭꼭 후원해 주시기를 바랍니다. 많이 다이얼을 돌려주세요."

그렇습니다. 굳이 누군가 이렇게 말하지 않는다 해도, 어려운 이웃이 무엇이 필요한지를 알아차리고, 어떻게 도와야 할 것인지를 잘 궁리해야 할 것 같습니다. 멀리 있는 이들을 찾아가서 도울 처지가 못 된다면, 십시일반 작은 정성을 모아 가난과 질병에 시달리는 주변의 이웃들을 찾아가서, 사랑의 나눔을 실천할 수 있었으면 좋겠습니다. 우리나라가 잘 산다고 하나, 여전히 어려움 속에 놓인 이웃들이 많이 있다는 사실을 잊지 말아야겠습니다.

올해에도 엄동설한에, 여전히 끼니를 걱정하며 거리를 헤매는 가련한 이웃들을 만나게 될 것입니다. 그들을 외면하지 않는 우리의 "물질과 시간이 모이가 되지 않고 씨앗이" 될 수 있기를 소망해 봅니다.

바로 사랑과 나눔이 있는 곳에 기적이 일어나며, 그곳에 하나님이 계신다는 것을 기억하며, 작은 나눔의 삶을 행동으로 옮길 수 있다면 얼마나 좋을까요.

사랑과 나눔이 있는 삶은 은은한 국화 향기처럼, 소중한 기쁨과 행복으로 오래오래 가슴에 남을 테니까요.

어머니의 기도

우르릉! 쾅! 쾅! 우르릉 콰앙! 콰앙!

한동안 잠잠했던 밤하늘이 천둥과 번개로 그 폭발음을 거세게 냅다 품어 댄다. 갑자기 아파트 베란다 앞쪽에서 한 줄기 빛이 번쩍이더니, 요란한 천둥소리와 함께 벼락이 무서운 굉음으로 귓전을 강타하고 지나간다. 때마침 나는 거실에서 아이들과 함께 '토요미스터리극장'을 보고 있었다. 그 순간 TV가 꺼지더니 이내 전기는 나가버리고 우린 캄캄한 어두움 속에서 두려움을 느꼈다. 아이들은 '엄마야!'하고 소리를 지르는 것이 아닌가?

나는 어두운 거실을 더듬더듬하며 현관으로 가서 손전등을 찾아 들었다. 그 가느다란 불빛에 다소 안도감을 느껴보며 어두움을 밝히는 조그만 그 불빛의 위력에 감탄했다.

만일 오늘처럼 폭우가 쏟아지며 벼락이 내리치어 전깃불이 나갈 때에 덩그러니 아이끼리만 남아 있었다면 어떠했을까? 아찔하지 않을 수 없다. 휴즈 박스를 열고 스위치를 올리자 잠시 반짝하고 전등이 켜지더니 곧 꺼지고 마는 것이 아닌가.

여전히 하늘에선 천둥이 쿵쾅쿵쾅, 번개가 번쩍번쩍거리며 공포 분위기를 만들고 있었다. 아이들은 '하늘에 계신 우리 아버지여! 이름이 거룩히 여김을 받으시오며 나라가 임하옵시며…' 하며 주기도문을 외우기 시작했다. 자꾸 주기도문을 반복하였다. 아이들 옆에 분명히 엄마와 아빠가 같이 있었는데도 그들의 공포심을 덜어주지 못했기 때문이었을까? 아이들은 스스로 신의 존재를 찾으며 주기도문을 외우는 것이었다.

"얘들아! 엄마가 있으니까 괜찮아! 인제 그만 좀해라. 그만 조옴…"

나는 아이들의 불안한 마음을 안정시켜 주고 모두 잠자리에 들게 했다. 잠시 정적이 흐르자 이윽고 환하게 불이 밝혀졌다. 그러자 오늘처럼 비바람이 불어치는 날에도 여전히 어두운 밤길을 헤치고 교회에서 자손들을 위하여 기도하실 고향의 어머니가 생각났다.

내 어린 시절부터 지금까지도 어머니의 신실하고 꾸준한 눈물의 기도가 있었기에 이처럼 복된 삶을 누리며 살 수 있었음이 아니던가. 참으로 소중하고 보배로운 내 어머니는 아름다운 기도의 모습으로 언제나 나를 감싸주셨다.

사랑과 나눔이 있는 곳에

어머니는 눈물의 기도로 자란 자식은 결대 망하지 않는 법이라고 입버릇처럼 말씀하시곤 했었다. 지금도 내 귓가엔 어머니의 간절한 기도 소리가 들려오는 듯하다.

어머니는 그 가시밭길과도 같았던 질곡의 나날 속에서도 오로지 네 남매의 행복한 삶을 위해서 굴하지 않는 신앙과 헌신 또 인종의 기도로 꿋꿋하게 달려오셨다. 마침내 어머니의 지성 어린 기도는 하늘을 감동하게 했다. 어머니의 강력하시었던 그 오랜 기도는 소담스러운 기적의 열매를 풍성하게 맺어 내었다. 기도의 사람이었던 내 어머니는 엄청난 시련과 역경의 험한 폭풍우가 대작하는 바다를 잘 건너 이제는 즐거운 집(Sweet Home)에서 아버지의 사랑과 자녀들의 효도와 이웃들의 부러움을 받으시며 평안하게 지내신다.

나를 지극히 사랑하시는 어머니! 이 밤도 못난 여식을 위해 기도하실 고마운 어머니!

어머니의 기도는 내가 나날이 새롭게 진보하고 향상하며 개발하는 창조의 생활을 다져 나가도록 원대한 꿈과 이상을 심어 주셨다. 그래서 나도 역시 아이들을 위하여 높이 날아 멀리 내다보는 자녀가 되도록 날마다 믿음과 소망과 사랑의 기도를 심고 있다. 나의 어머니가 나를 위해 최선의 생활을 하시었듯이 나도 자녀들을 위하여 최선을 다하는 엄마가 되어야겠다.

내가 성실하고 진지하게 살려고 애를 쓰는 모습은 아이들에게 그대로 영향을 줄테니까.

  앞산에서 이름 모를 풀벌레가 노래하는 고요한 이 새벽! 나는 지윤, 성윤, 세련, 세윤을 위하여 무슨 기도를 해야 할까. 차라리 찰스 마이어스의 '어머니의 기도'를 암송해 봐야겠다.

  아이들을 이해하고
  아이들의 말을 끝까지 들어주며
  묻는 말에 일일이
  21세기의 성녀(聖女) 테레사
  친절하게 대답해 주도록 도와주소서.
  아이들이 우리를
  공손히 대해 주기를 바라는 것과 같이
  우리가 잘못을 저질렀다고 느꼈을 때
  아이들에게 잘못을 말하고
  용서를 빌 수 있는 용기를 주옵소서.
  아이들이 저지른 잘못에 대해
  비웃거나 창피를 주거나
  놀리지 않게 하여 주옵소서.
  우리들의 마음속에
  비열함을 없애 주시고
  아이들에게 잔소리를 하지 않게 하여 주옵소서.

방금 암송한 이 기도시를 음미해 보며, 벤자민 프랭클린이 스물두 살 때부터 실천했던 열세 가지의 미덕(절제, 침묵, 규율, 절단, 절약, 근면, 진실, 정의, 중용, 청결, 침착, 순결, 겸손)을 떠올려 본다. 그리고 나의 자녀들이 이러한 덕목을 겸비한 훌륭한 인격체로 성장하며, 나 또한 아이들의 이상적인 어머니상이 되어지기를 기도해 본다.

21세기의 성녀(聖女) 테레사

　우는 자와 병든 자와 가난한 이들의 영원한 어머니! 성녀 테레사 수녀가 이 땅을 떠난 지도 어언 여러 해가 흘렀다. 당시 수많은 가난한 사람들의 애도 가운데 테레사 수녀의 장례식이 일주일간의 추도 기간을 거쳐 인도 국장(國葬)으로 엄숙히 거행되었던 것이 지금도 나의 뇌리에 생생하게 되살아난다.

　나는 테레사 수녀가 과연 어떠한 삶을 살았기에, 그처럼 21세기의 성녀로서 존경받게 되었는지 좀 더 자세히 알고 싶어졌다. 그래서 배키 베니나트가 엮은 『마더 테레사』라는 책을 보게 되었다.

　테레사는 1910년 구 유고슬라비아의 스코예프(현재 마케도니아의 수도)에서 태어났다. 그는 1928년 인도에서 수도 생활을 시작했다. 테레사는 '빈자 중의 빈자'들 사이에서 예수를 섬기라는 신의 계시를 받고, 그 뜻을 실천하였다. 1950년에는 '사랑의 선교회'(전 세계에 500여 곳)를 세워 가난한 이들과 죽어가는 이들을 도와주고 있다. 이처럼 테레사 수녀는 수십 년 동안 인도의 콜카타 곳곳은 물론 세계 각국을 다니며 극빈자들을 위하여 헌신적으로 봉사의 삶을 살았다. 이로 인하여 테레사 수녀는 21세기의 성녀 테레사로 온 세상에 알려지게 되었다.

헐벗은 자, 병들어 신음하며 울부짖는 자, 처참하게 죽어가는 자, 버려진 아이들, 고통과 굶주림과 외로움에 짓눌린 모든 사람의 가슴을 사랑으로 끌어안았던 성녀!

그 성녀 테레사는 우리가 하나님과 자신과 이웃을 제대로 사랑하기 위해서는 무엇보다도 겸허한 마음을 지니고 기도하는 마음으로 살아야 한다고 강조했다. 그리고 한 방울이 작은 사랑을 부어 우리의 등불이 꺼지지 않도록 항상 깨어 있어야 함을 일렀다. 테레사는 그가 당부한 대로 그 행함과 진실함으로, 지극히 겸손한 마음과 뜨거운 사랑으로 몸소 본을 보였다.

테레사 수녀의 죽음 앞에 그 어느 누구보다도 안타까워했던 교황 요한 바오로 2세가 추도 집회에서 했던 말이 떠오른다.

"그녀는 가난한 사람들에 대해 굳건하고 끊임없는 사랑의 본보기였습니다. 조금도 지치지 않고 전 세계를 여행했던 테레사 수녀는 금세기 역사를 빛냈습니다. 그녀의 용기는 우리 모두의 삶을 지켜주었습니다. 그녀는 인간의 존엄성을 빛내 줌으로써 모든 인류에 봉사했습니다. 그녀는 이른바 인생의 실패자들이 신의 따사로움을 느끼게 했습니다."

나는 교황 바오로 2세의 이와 같은 추도사를 통하여 테레사 수녀를 잘 알게 되었다. 생전에 테레사 수녀는 "인생의 목적은 세속적인 성공이나 명예가 아니며 우리도 예수처럼 사랑에 살고, 거룩하게 될 의무가 있다"라고 말했다. 그녀에겐 오직 현재만이 삶의 전부이며, 영혼과 육신이 심히 외롭고 목마르며, 굶주리고 병들어 지친 사람들, 심지어 가족들조차 싫다고 내다 버리고 외면하는 비참한 사람들, 그 누구에게도 인정받지 못하고 마음의 상처와 슬픔으로 가득 찬 가난한 사람들만이 가장 큰 관심과 사랑의 대상이었다.

그래서인지 테레사 수녀는 '사랑의 선교회'를 창설하여 각처 수녀들의 일터마다 사랑과 선물의 집, 평화의 집, 희망의 집… 등등의 이름을 지어 주었다. 또 그곳에 수녀들에게 필요한 기도문이나 지침, 의미 있는 경구들을 만들어 곳곳에 걸어두었다. 어린이집 현관에는 '우리도 하느님을 위해 무언가 아름다운 일을 해봅시다.'라고 적어 놓았다.

그리고 테레사 수녀는 '침묵의 열매는 기도, 기도의 열매는 사랑, 사랑의 열매는 봉사, 봉사의 열매는 평화'라는 글귀를 매우 소중한 지표로 삼았다. 기쁨, 선물, 평화, 아름다움, 침묵, 기도, 봉사 등의 단어는 테레사 수녀가 매우 즐겨 쓰는 단어였다.

스스로 '가난한 이의 대표'로서 가난하게 살았던 성녀 테레사! 그녀는 말하기를 자신은 결코 성녀가 아니며 다만 그리스도의 사랑을 실천하는 사람일 뿐이라고 했다. 또한 "사랑이 참되기 위해서는 그 대가를 치러야 합니다. 사랑을 하려면 상처 입고, 자기를 비워내야 합니다."라는 신념에 찬 음성을 남겼다. 그녀는 자신을 위해서는 아무것도 남겨두지 않았던 청빈함과 참사랑의 실천자였다.

테레사는 오직 이웃 사랑을 위해서 그의 전존재를 아낌없이 내어 주었다. 이처럼 끊임없이 자신을 비워내는 그 분의 고귀한 희생의 몸짓은 '우리가 얼마나 많은 일을 하느냐 보다, 얼마나 많은 사랑을 실천에 옮기느냐가 더욱 중요한 것'임을 깨닫게 해 준다.

오 년도 아니고 약 오십 년의 길고 긴 세월 동안 가난한 이들과 함께함으로써 얼굴에 깊게 파인 사랑의 주름살! 테레사 수녀의 그 인자한 모습이 그립다.

울부짖는 이들의 눈물과 나환자들의 상처를 닦아주던 성

스러운 두 손에 아로새겨진 온갖 세파의 상흔. 완전한 비움과 겸손의 삶을 노래하며 봉사함으로 닳고 닳아 뭉툭해진 맨발.

이 세상의 그 어떤 여인이 이처럼 살 수 있단 말인가. 나 어릴 적에 테레사 수녀처럼 되기를 바랐던 마음이 내심 부끄러워진다. 단지 혀끝과 생각에서 맴돌다 마는 사랑으로는 그 어느 것도 이루어 낼 수 없기 때문이다. 오직 살신성인(殺身成仁)의 행함과 진실함으로 이웃을 위하는 삶이 올바른 길이기 때문이다.

올해에도 우리나라는 대통령의 탄핵과 극심한 산불 피해와 경제난으로 온통 고통 속에서 어려움을 겪고 있다. 그러나 이러한 때일수록 우리 곁에는 오직 '섬김'과 '나눔'의 정신으로 가정과 사회와 국가를 위해 헌신하고 희생하며 사랑을 실천하는 작은 테레사 수녀와 같은 이들이 절실하게 필요하리라. 그 한 사람이 바로 나이기를 바라는 마음으로, 테레사 수녀의 그 고귀한 발자취를 늘 기억하며 방황하는 이웃을 향해 따뜻한 손길을 내밀고 싶다.

새벽 등산

"빰빠라 밤빠 밤빠 밤! 꼬기요 꼬꼬!!"
"지금은 오전 네시 삼십 분입니다. "빰빠라빰빠밤빠밤…
꼬끼오 꼬꼬… 꼬끼오 꼬꼬…"
 우리 부부를 깨우는 전화벨이 들려주는 꼬끼오 소리이다.
 우리는 서로 수화기 내려놓는 일을 미루며 뒤척이다가 반사적으로 일어나서 수송동에 있는 교회를 향한다. 나는 새벽 기도회에 늦지 않기 위하여 엑셀을 밟아대는 남편 옆에서 차창 밖을 내다본다. 그럴 때면 이미 거리에는 우리와 엇갈리게도 송풍동을 향하여 하루도 빠짐없이 발걸음을 내딛는 이름 모를 새벽 등산객들의 모습을 보게 된다.
 그들의 명랑한 걸음을 보는 순간!
 또한 날의 건강한 삶을 위하여 새벽 등산을 어김없이 시작하는 그들의 규칙적인 몸짓에 내심 어떤 신성함과 함께 어우러진 존경심이 솟아난다.

우리가 새벽 예배를 마치고 집으로 달려오는 길가엔 마치 소풍을 가는 행렬인 듯 무리를 지어 월명산을 향하는 사람들의 뒷모습을 볼 수 있다. 동시에 엇갈리게 출발했던 이들이 벌써 새벽 운동을 마치고 흐뭇한 모습으로 내려오는 것도 마주 대할 수 있다.

우리는 서둘러서 집에 들어서자마자 곤히 잠에 취한 아이들을 깨우기 시작한다. 이번 여름 방학엔 아이들과 함께 가족의 사랑을 돈독하게 할 수 있는 한 가지 방안으로 '새벽 등산'을 하기로 결정했기 때문이다.

하지만 나를 닮아서인지 늦게 자고 늦게 일어나는 올빼미형인 아이들을 데리고 새벽에 산을 오른다는 일은 그리 쉬운 일은 아니었다. 그러나 우리 가족은 새벽 등산을 단념할 처지가 못 되었다. 왜냐하면 아이들에게 '늦잠'을 대물림하게 될까 봐 은근히 걱정이 앞섰음이며 이보다 더 급박한 이유로는 큰딸과 둘째 딸의 '비만'이 심각하기 때문이다.

이로써 우리 가족의 새벽 운동은 '올빼미형에서 종달새형'으로, '뚱뚱이에서 날씬이'로의 변신을 위한 목표 의식을 갖고 실천에 나서기로 했다.

큰애는 올 여름엔 살을 빼기로 작심했는지 살과의 전쟁'을 선포했고 새벽 등산에 주저하지 않고 응해 주었다.

그래서인지 둘째 뚱뚱이도 새벽 등산을 말없이 따라 나섰다. 하루이틀, 시간이 흐를수록 아이들은 새벽 등산에 쉽게 따라 주었고 잘 적응해 갔다. 그런데 유독 잠이 많고 날씬한 셋째 딸은 투정이 여간 아니었다.

그 애는 아직 초등학교 오 학년인 데다가 비만과는 상관이 없는지라 그냥 잠을 자도록 둘까 했지만, 나는 기필코 늦잠꾸러기의 불명예스러운 딱지를 없애 주고 싶었다. 그래서 우리 여섯 식구는 함께 부지런히 산을 오르게 되었다.

우리는 매일 새벽에 집을 나서서 지름길로 된 가파른 언덕배기를 향한다. 이 지름길 옆엔 올망졸망 어렵게 사는 이들의 가옥이 즐비하게 늘어서 있다. 어떤 집에선 벌써 아침 식사를 준비하는지 굴뚝 위로 연기가 모락모락 피어오르고 있고 웬 부지런한 아낙네는 아침상에 올릴 호박이며 반찬거리를 챙겨 들고 언덕을 내려온다.

조금은 을씨년스러운 느낌을 주는 빈집을 지나면, 새의 집이 되어 버린 또 다른 빈집에선 새장에 갇힌 온갖 새들의 청량한 노랫소리가 울려 나온다. 그 새 소리를 들으며 우리는 짝을 지어 새벽이슬을 머금은 앙증맞은 보랏빛 나팔꽃이며 노란 얼굴의 호박꽃이며 하얀 옷을 입은 무궁화의 미소로 둘리어진 그 가파른 언덕길을 헉헉거리며 오른다.

드디어 오 분에서 칠 분 정도 걸려 고개를 넘어서면 삼일운동 기념비 주변에 둘러서서 흥겨운 리듬에 맞추어 에어로빅하는 이들을 만나게 된다. 족히 칠십여 명이 넘어 보이는 이들이 신나게 에어로빅 강사의 동작에 맞추어 온몸을 움직여 댄다. 간혹 보면 용감한 아저씨들이 여성들의 발랄한 춤 놀림에 합류하여 열심히 따라 하는 것도 볼 수 있다.

나도 한 번쯤은 에어로빅을 따라 해보고 싶기도 했지만, 선뜻 용기가 나지 않아 그들을 부러운 눈으로 바라보다가 나뭇가지사이로 보이는 군산 앞 바다로 눈길을 옮긴다. 나는 어디론가 출항 준비를 하고 있는 어선을 잠시 응시하다가 깊이 심호흡을 해 본다. 그러다가 서둘러 나를 기다리고 있는 가족과 함께 합류하여 남편의 구령에 맞추어 맨손체조를 한다. 우리에게 끈끈한 가족애를 더해 주는 맨손 체조는 에어로빅에 견줄 수 있을 만큼 소중한 아침 운동이 되어 준다. 체조로 가볍게 몸을 푼 우리 식구는 여기저기 놓여 있는 운동기구에 몸을 기대고 운동을 하는 사람들의 틈에 끼여서 땀이 나게 운동을 해본다.

푸른 숲이 우거지고 공기가 맑은 이곳에는 군산 시민의 체력 단련을 위해서 전 연령층에 알맞도록 간편한 체육시설을 열다섯 개나 설치해 놓았다. 그 시설물들은 신체의 발달 부위의 특성에 따라서 만들어진 것이다. 이처럼 다양한 시설물 중에서 나는 '허리 말아 올리기' 운동과 '허리 굽히기' 운동을 즐기는 편이다. 허리 말아 올리기 운동 기구에 거꾸로 누워서 하늘을 올려다보는 것은 아이들과 같이 줄넘기나 베드민턴을 할 때처럼 기분이 상쾌하고 즐겁다. 이러한 기쁨은 그 어떤 재물이나 명예로도 대신 해줄 수 없는 최상의 특혜이다.

또한 새벽 등산을 통해서 이처럼 운동하며 땀을 흘리게 되니 따로 시간과 경비를 들여가며 피서를 떠나지 않아도 좋았다. 그래서인지 올 여름엔 왜 피서를 가지 않느냐고 졸라대는 아이들이 한 명도 없었다. 아마 새벽 등산으로 인한 즐거움 때문에 굳이 피서의 필요성을 느끼지 않았음이 아니겠는가. 이 얼마나 큰 수확이런가. 아이들의 살이 제법 많이 빠졌고, 나에겐 건강한 심신과 남편에겐 탄력 있는 신체를 되찾아 주었음이 아닌가. 이처럼 이번 여름방학 동안의 '새벽 등산'은 우리 가족에게 일석이조의 선물을 안겨 주었음이다.

각자의 운동을 마친 우리 일행은 청소년 수련원 쪽으로 내려가는 산길을 따라 집을 향하여 달리기 시합을 한다.

하나! 두울! 세엣! 네엣! 마음속으로 구령을 외치며 둘씩 둘씩 차례로 가볍게 달리는 발걸음은 행복한 또 한날의 힘찬 출발이 되어진다. 나의 귀에 들려오는 이름 모를 풀벌레들과 매미와 비둘기의 합창은 위대한 대자연의 교향곡과 어우러져 가일층 나의 삶에 신선한 용기와 에너지를 흠뻑 부어준다. 이제 나는 가족과 함께 하루도 거르지 않고 새벽 산을 오르내리리라 다짐해 보면서, 아이들과 같이 점방산에 올라 훌라후프를 하며, '야호! 야호! 야호!' 크게 외쳐 볼 날을 기대해 본다.

얼굴

 온 세상을 밝혀 주는 시월의 태양 빛의 찬란하고 풍요로운 미소에 삶의 환희와 평화를 맛본다.
 만일 우리가 살고 있는 이 세상에 웃음이 없다면 어떻게 살아가며, 무슨 의미가 있었을까?
 웃음의 부재는 삶의 무의미를 가져왔을 것이고, 이 세상은 온통 칠흙 같은 어두움으로 둘러싸인 황야와 같았을 것이다. 그래서 창조주께서는 온 세상에 웃음이란 약초를 심으셨나 보다. 또한 사람에겐 웃음이란 약초를 먹고 살면서, 일생을 웃으면서 행복하게 살 수 있도록 웃음이란 보배를 선물로 주셨나 보다. 따라서 온 세상 만물들은 웃음을 머금고 살면서 끊임없이 성장하며 생존하게 된 것 같다.
 어떤 이는 웃음에는 105개의 종류가 있다고 말했다. 이것은 사람의 개성과 성격과 표정의 다양성이 천태만상의 웃음을 빚어내었기 때문에 나온 말인 듯하다.

어쨌든 웃음이란 인간에게 있어서 묘약과 같은 것이다. 인간이 음식을 먹어야 하는 것처럼, 웃음이라는 간식을 먹음으로써 더욱 얼굴빛이 아름다워지고 성스러워지는 것이리라.

웃음이란 인간에게 있어서 의식주 문제처럼 없어서는 안 될 생활필수품인 것이다. 웃음이 있기 때문에 갓난아기의 방글거리는 미소로 마냥 행복한 엄마의 기쁨도, 청소년들의 순진무구하며 해맑은 웃음 속에서 마냥 즐거우신 스승의 보람도, 자녀들의 효도와 성공으로 마냥 흐뭇한 마음으로 즐거우실 부모님의 마음도 찾아볼 수 있는 것이다.

그러나 인간의 삶이란 회비의 연속인지라 항상 웃는 모습으로 산다는 것은 어렵다. 온갖 슬픔과 괴로움을 웃음의 방패로 가리고 환한 얼굴로 이웃을 대하는 삶의 자세를 확립하기는 더욱 어려운 것 같다.

현대 사회는 분주하고 복잡다단하며 도처에는 스트레스와 위험이 산적되어 있다. 그래서인지 마주치는 눈길에 웃음이 메말라 있고, 마주 대하는 얼굴에서 웃음을 찾아보기가 쉽지 않다.

누군들 웃는 얼굴을 대할 때에 즐겁지 않으랴?

내가 먼저 웃음을 선사할 때에 상대방의 마음이 즐겁게 된다면, 내가 먼저 웃는 운동을 시도해 봄도 좋은 일이리라. 이로써 저마다의 얼굴에서 웃음꽃이 만발해진다면, 밝고 화기애애한 사회환경이 조성될 것이다.

나의 생활신조는 '항상 웃자'라는 것이다. 여고 시절에 도산 안창호의 전기를 읽고서부터, 웃음의 생활 철학을 배웠고, 웃으며 살려고 노력했었다. 도산은 웃는 공부를 해야 한다고 강조하셨었다.

그분의 말씀은 내게 삶을 긍정적으로, 능동적으로, 적극적으로, 낙관적으로 이끌어 가는 데 있어서 웃는 생활이 얼마나 중요한 활력소인가를 깨닫게 해 주었다.

나는 그때부터 지금까지 웃는 얼굴을 연습하며 살고 있다. 때로는 몸이 아프거나, 가사 일로 피곤함에 지쳤거나, 복합적인 여러 문제로 인하여 웃음을 잃게 되기도 한다. 그러나 될 수 있는 한 웃음을 잃지 아니하려고 애를 쓰기도 한다.

어떻게 하면 항상 변함없는 미소를 라일락 꽃향기 같은 은은함으로 표현하며 살 수 있을까?

나를 아끼는 사람만이 아니라, 나를 도외시하는 사람에게도 너그러운 마음으로 웃음꽃을 선사하는 아량을 베풀 수 있을까?

오늘은 남편의 학창 시절 친구의 집을 방문했다. 우리는 그분들과 함께 자녀의 교육 문제를 비롯하여, 예술이며, 운동이며, 앞으로의 계획을 비롯하여, 여러 가지 대화를 나누었다. 나는 그곳에서 실컷 웃을 수 있었고, 그 자리를 떠나고 싶지 않을 정도로 즐거운 시간을 가졌었다. 왜냐하면 친구 부인되는 분의 유머와 호탕하며 솔직 담백한 화술과 시원스러운 웃음소리가 나를 매료 시켰기 때문이다. 이곳에서도 사람에게 있어서 '웃음'처럼 귀한 것이 없을 것 같다는 느낌을 받았던 것이다.

'일소일소 일노일노'라는 말에서 장수의 비결을 찾아볼 수 있었다.

사람이 화를 낼 때마다 세포가 하나씩 파괴된다고 하니, 성미가 급한 사람은 단명하다는 것이다.

이 세상을 사노라면 태산 같은 난관에 봉착하여 웃을 수 없는 극한 상황에 처할 때가 많을 것이나, 마음의 문을 넓게 열고서 웃는 얼굴을 연습하며 큰 소리로 웃어 볼 때에 시원한 물을 마시는 느낌을 받게 될 것이다.

나의 눈물과 고통을 감추고서, 상대의 아픔과 고뇌를 웃음으로써 닦아 주며 위로하는 삶은 이타주의로 가는 지름길이 아닌가 생각된다.

나에게 바람이 있다면 나의 일생에 웃음의 생활화로써, 나를 만나는 이들에게 언제나 '웃는 얼굴'로 잔잔한 기쁨과 위로를 주는 매개체가 되었으면 하는 것이다.

웃는 얼굴은 복 있는 얼굴이며, 어머님의 따뜻한 꿈을 느끼게 하는 아름다움의 극치를 이룬 전당이 아니겠는가?

우리들이 어디를 가든지, 국경을 초월하여 해바라기처럼 푸짐하게 웃는 얼굴들로 가득가득 한다면 천사도 부러워할 지상천국으로 화할 것이다.

'우공이산' 정신으로

정천 산자락에 우뚝 선 보금자리 '우공이산' 정신으로 일구고 또 일군 보배로운 터전에 새로운 보금자리를 틀었습니다. 참으로 지난하고 위대한 일이었습니다. 그동안의 땀방울들을 모아서 시를 읊듯이 노래합니다.

여기 푸른 정기
여기 푸는 향기
여기 푸른 비전
힘껏 품에 얼싸안고
비상의 꿈 키우네

믿음의 줄로
명문가 세우려고
사랑의 줄로
샘솟는 행복 누리려고
소망의 줄로

풍성한 열매 거두려고

어제도
오늘도
내일도
한결같이
눈물로 씨를 뿌린다

'우공이산' 정신으로 일군 이곳에서 우리 가족의 미래를 생각합니다. 두드리라 그러면 열릴 것이다'는 그 말씀 하나 가슴에 고이 품어 오래 참고 인내하던 시간이 파노라마처럼 지나갑니다. 모든 일들이 예정되었던 것일까요? 앞으로 살아가는 동안 다른 일도 겸허하게 받아들일 생각입니다. 세상만사 새옹지마(塞翁之馬) 온전하게 좋은 일도 완전하게 궂은일도 없다는 사실을 알기에 터를 닦고 벽돌을 쌓아 올리던 마음으로 정성스럽게 살아갈 것입니다.

정천 산자락에 앉아 있는 우리 가족들의 둥지는 사랑으로 넘치고 은혜로 충만하며 서로 감싸고 보듬어 아름다울 수 있기를 간절히 기도합니다.

세상에서 가장 아름다운 그 이름

지은이 | 최옥경
발행인 | 노우혁
펴낸곳 | 앤바이올렛
펴낸이 | 정현덕
홍보팀 | 김지연

초판 인쇄 | 2025년 4월 18일
초판 발행 | 2025년 4월 25일
등 록 | 2021년 9월 29일, 제 2021-30호
주 소 | 02046 서울특별시 중랑구 동일로144가길 25-18(중화동)
전 화 | (편집) 02-491-9596
e-mail | powerbrush88@naver.com
ISBN 979-11-977103-5-3
ⓒ 2025, 최옥경

* 책값은 뒤표지에 있습니다.
* 잘못 만들어진 책은 구입하신 서점에서 교환해 드립니다.